ANJOS E MESSIAS

Coleção Bíblia e História

- *A comunidade judaico-cristã de Mateus* – Anthony J. Saldarini
- *A esperança da glória*: reflexões sobre a honra e a interpretação do Novo Testamento – David A. deSilva
- *A mulher israelita*: papel social e modelo literário na narrativa bíblica – Athalya Brenner
- *A terra não pode suportar suas palavras*: reflexão e estudo sobre Amós – Milton Schwantes
- *Anjos e messias*: messianismos judaicos e origem da cristologia – Luigi Schiavo
- *Contexto e ambiente do Novo Testamento* – Eduard Lohse
- *Culto e comércio imperiais no apocalipse de João* – J. Nelson Kraybill
- *É possível acreditar em milagres?* – Klaus Berger
- *Igreja e comunidade em crise:* o evangelho segundo Mateus – J. Andrew Overman
- *Jesus exorcista*: estudo exegético e hermenêutico de Mc 3,20-30 – Irineu J. Rabuske
- *Metodologia de exegese bíblica* – Cássio Murilo Dias da Silva
- *Moisés e suas múltiplas facetas*: do Êxodo ao Deuteronômio – Walter Vogels
- *O judaísmo na Antigüidade*: a história política e as correntes religiosas de Alexandre Magno até o imperador Adriano – Benedikt Otzen
- *O poder de Deus em Jesus*: um estudo de duas narrativas de milagres em Mc 5,21-43 – João Luiz Correia Júnior
- *O projeto do êxodo* – Matthias Grenzer
- *Os evangelhos sinóticos*: formação, redação, teologia – Benito Marconcini
- *Os reis reformadores*: culto e sociedade no Judá do Primeiro Templo – Richard H. Lowery
- *Pai-nosso*: a oração da utopia – Evaristo Martín Nieto
- *Para compreender o livro do Gênesis* – Andrés Ibañez Arana
- *Paulo e as origens do cristianismo* – Michel Quesnel
- *Profetismo e instituição no cristianismo primitivo* – Guy Bonneau
- *São João* – Yves-Marie Blanchard
- *Simbolismo do corpo na Bíblia* – Silvia Schroer e Thomas Staubli
- *Vademecum para o estudo da Bíblia* – Bíblia: Associação Laical de Cultura Bíblica

Série MAIOR

- *Introdução ao Novo Testamento* – Raymond E. Brown
- *Fariseus, escribas e saduceus na sociedade palestinense* – Anthony Saldarini
- *O nascimento do Messias*: comentário das narrativas da infância nos evangelhos de Mateus e Lucas – Raymond E. Brown
- *Rei e Messias em Israel e no Antigo Oriente Próximo* – John Day (org.)
- *Tobias e Judite* – José Vílchez Líndez
- *Pedro e Roma*: a figura de Pedro nos dois primeiros séculos – Joachim Gnilka

Luigi Schiavo

ANJOS E MESSIAS
*Messianismos judaicos
e origem da cristologia*

Dados Internacionais de Catalogação na Publicação (CIP)
(Câmara Brasileira do Livro, SP, Brasil)

Schiavo, Luigi
 Anjos e messias : messianismos judaicos e origem da cristologia
/ Luigi Schiavo. — São Paulo : Paulinas, 2006. — (Coleção Bíblia e
história)

 Bibliografia.
 ISBN 85-356-1779-5

 1. Cristianismo – Origem 2. Jesus Cristo – Historicidade
3. Movimentos messiânicos judeus I. Título. II. Série.

06-3087   CDD-232.908

Índice para catálogo sistemático:
 1. Jesus Cristo : Existência histórica : Cristologia   232.908

Direção-geral:	*Flávia Reginatto*
Editores responsáveis:	*Vera Ivanise Bombonatto e*
	Matthias Grenzer
Copidesque:	*Anoar Jarbas Provenzi*
Coordenação de revisão:	*Andréia Schweitzer*
Revisão:	*Leonilda Menossi,*
	Ana Cecilia Mari e
	Patrizia Zagni
Direção de arte:	*Irma Cipriani*
Gerente de produção:	*Felício Calegaro Neto*
Capa e editoração:	*Telma Custódio*

Nenhuma parte desta obra poderá ser reproduzida ou transmitida
por qualquer forma e/ou quaisquer meios (eletrônico ou mecânico,
incluindo fotocópia e gravação) ou arquivada em qualquer sistema ou
banco de dados sem permissão escrita da Editora. Direitos reservados.

Paulinas

Rua Pedro de Toledo, 164
04039-000 – São Paulo – SP (Brasil)
Tel.: (11) 2125-3549– Fax: (11) 2125-3548
http://www.paulinas.org.br – editora@paulinas.org.br
Telemarketing: 0800-7010081

© Pia Sociedade Filhas de São Paulo – São Paulo, 2006

Agradecimentos

Ao *Prof. Dr. Paulo Augusto Nogueira*,
pelos conselhos brilhantes.

Aos *Pesquisadores do Projeto de Pesquisa*
"Estruturas Religiosas convergentes no Judaísmo e no
Cristianismo do 1º século", da Universidade Metodista
de São Paulo (Umesp), pelo apoio, encorajamento e
intermináveis reuniões nas quais este livro foi gestado.

Ao amigo *Lorenzo Lago*,
pela leitura e revisão atenta e perspicaz.

Abreviaturas

Antig.Jud.	Antigüidades Judaicas
Ap.Abr.	Apocalipse de Abrão
Asc.Is.	Ascensão de Isaías
CD	Documento de Damasco
Guer.Jud.	Guerra Judaica
Jub.	Jubileus
1En	1 Livro de Enoque
2En	2 Livro de Enoque
3En	3 Livro de Enoque
1QapGn	Apócrifo do Gênesis
1QM	Rolo da Guerra
1QS	Regra da Comunidade
2Br	2 Livro de Baruque
4Esd	4 Livro de Esdras
11QMelch	11 Q Melquisedec

Abreviaturas

Introdução

A pessoa de Jesus encanta e conquista. A beleza de sua mensagem, a novidade de sua prática, o radicalismo e a coerência de sua vida exerceram e continuam exercendo um fascínio incomum.

Inúmeros seguidores apaixonados fizeram de seus ensinamentos a regra de suas vidas, cada um olhando para o homem de Nazaré de forma diferente. Jesus foi considerado um mestre, um sábio, um profeta, um revolucionário, um curandeiro, um subversivo, o Filho de Deus. Com o passar do tempo, novos traços, que somente a fé pode explicar, foram acrescentados à sua imagem, até que o Jesus da fé, o Jesus imaginado, tornou-se mais importante do que o Jesus da história. Desse modo, o imaginário cristão e popular vai se enriquecendo e recriando nas várias imagens de Jesus, fruto da fé do povo.

Com a chegada da Idade Moderna e a centralidade da razão, a ciência determinou o estudo dos fenômenos, a partir de seus fundamentos históricos. Novas descobertas científicas e os progressos da arqueologia e da hermenêutica aplicada aos textos bíblicos levaram a rever antigas definições e a buscar novos paradigmas de interpretação.

O "dar razão de nossa fé" se tornou fundamental e necessário no contexto do racionalismo e do positivismo. A busca pelo Jesus da história e do contexto que originou o movimento do qual surgiu o cristianismo voltou a ser uma das questões relevantes da pesquisa bíblica, sobretudo a partir do século XIX.

Este trabalho se insere na grande corrente moderna denominada "a busca pelo Jesus da história". Ajudados pelo instrumentário das modernas ciências historiográficas, bíblicas, antropológicas e da leitura comparada de textos sagrados, buscaremos as origens da cristologia, a fé em Jesus, o Cristo, nos movimentos messiânicos do judaísmo tardio, tendo como referência as fontes canônicas e os livros apócrifos e pseudepígrafos do AT e NT.

Apesar das dificuldades de "reconstruir" o Jesus da história em razão da falta de fontes diretas e primárias, acreditamos que vale a pena tentar, pela importância que Jesus representa para todos nós, convictos de que a água é bem mais pura e transparente quanto mais próxima de sua nascente.

Capítulo I

A busca pelo Jesus da história

1. A fé em Jesus

A fé em Jesus como o Filho de Deus foi o resultado de um processo interpretativo que teve como referência histórica as expectativas salvífico-messiânicas do povo hebreu. Das primeiras constatações, como a autoridade e o poder taumatúrgico de Jesus, às afirmações de que ele é a encarnação do Filho de Deus na terra, um caminho foi percorrido, na busca de responder à eterna questão: "Quem é Jesus?". Os títulos cristológicos aplicados à sua pessoa representam os vários estágios dessa caminhada, revelando a compreensão da comunidade em relação a Jesus.

Messias era o título relacionado às expectativas judaicas de renovação religiosa e libertação política. Ele foi aplicado a vários tipos de figuras: ao rei-guerreiro que, como novo Davi, libertaria o povo da escravidão política; ao sumo sacerdote, purificador do templo e da religião; ao profeta escatológico que, como novo Moisés ou Elias, levaria o povo à reta interpretação da palavra. Na sua trajetória histórica, Jesus foi considerado por alguns judeus o libertador (Messias) político de Israel (Mc 11,1-11; 15,2.17-18.26; Jo 6,15). E, no contexto pós-pascal, é identificado com o Messias esperado no qual se cumpririam as profecias antigas.

Filho do Homem é um título próprio da literatura apocalíptica aplicado geralmente num contexto de julgamento e entronização. Na Fonte Q (Q 12,8-9),[1] o mesmo Jesus se identifica com a misteriosa figura descrita no livro de Daniel (7,13-14); e em outros textos paralelos é definido como o Filho do Homem (Livro das Similitudes de Enoque 37–71 e 4Esdras 13). Isso representa a tomada de consciência da comunidade dos primeiros cristãos pela qual, na pessoa e mensagem de Jesus, se realiza o julgamento escatológico de Deus. Pode ser também que, aplicando a si tal título, Jesus enfatize o desejo da transformação do homem em "nova criatura", em oposição a todas as tentativas de reduzi-lo e rebaixá-lo, típicas das ideologias opressoras do império.

Filho de Deus é um título que, na tradição judaica, designava os seres angelicais abaixo de Deus (Jó 1–2). Na comunidade cristã significa a compreensão do caráter transcendente de Jesus. Sucessivamente, a reflexão teológica destacará, no título *Filho de Deus* aplicado a Jesus, sua peculiar relação com o Pai, sua natureza divina, que legitima sua mensagem como "revelação".

Senhor está no último anel da cadeia interpretativa: é o título tradicionalmente atribuído somente a Deus e que coloca Jesus no pedestal da divindade, objeto de veneração e culto, e legitima sua revelação como divina.

A tradição cristã condensou sua fé em Jesus nos títulos cristológicos. Não há preocupação com a história, mas só ex-

---

[1] Todo texto pertencente à hipotética Fonte Q será precedido pela letra Q. Os números referentes a capítulos e versículos correspondem a Lucas, que, segundo os estudiosos, traria mais fielmente a ordem originária da fonte.

pressão da fé. Cada título revela uma compreensão diferente e remete a grupos e pessoas concretas que ao longo da história cristalizaram sua fé numa imagem específica de Jesus.

2. Qual Jesus?

Há várias possíveis abordagens de Jesus: o olhar do pesquisador é bastante diferente do olhar do crente; assim como a aproximação do ateu e do membro de uma outra religião à figura de Jesus resulta bastante diferente. Cada pessoa olha para ele de forma própria, específica, a partir de sua realidade existencial e de sua história particular, muitas vezes projetando nele seus desejos, esperanças, dúvidas, que geram representações e imagens. Por isso, antes de nos embrenharmos na busca do Jesus da história, é necessário clarear alguns conceitos-chave, para evitar confusões e mal-entendidos.

Para os pesquisadores modernos, há quatro definições relacionadas a Jesus (RICHARD, 2004: 33-34):

- O *Jesus real*: é o homem Jesus de Nazaré, o Jesus da história, que viveu na Galiléia na primeira metade do século I. Pelas informações de que dispomos, era filho de José, o carpinteiro, e de Maria, e, segundo relata Mt 13,55, tinha outros irmãos chamados Tiago, José, Simão e Judas. Foi discípulo de João Batista, teve um ministério público de três anos como *rabi*, foi condenado e crucificado, talvez na Páscoa do ano 30. Conhecemos bem os dados relativos ao final de sua vida: sua infância e juventude são envolvidas no mistério: as narrativas que possuímos não passam de relatos míticos. O Jesus da história é praticamente inacessível, pois não temos fontes diretas sobre ele, mas só memórias literárias, sujeitas às limitações próprias desse tipo de documento.

- O *Jesus histórico*: é o Jesus que podemos reconstruir a partir dos dados à nossa disposição, vindos de várias fontes: a literatura do século I, a bíblica e a extrabíblica; a arqueologia; a sociologia; a historiografia etc. É um trabalho árduo que, a partir de vários métodos científicos, busca reconstruir e entender o contexto histórico, sociológico e religioso do tempo de Jesus, tentando imaginar o impacto de sua pessoa e mensagem dentro desse mesmo contexto. O pressuposto é que Jesus tenha tido realmente um rosto humano, identificável com o de um galileu de sua época. O Jesus histórico é um Jesus reconstruído intelectualmente, com toda a probabilidade muito próximo ao Jesus real, mas não necessariamente identificável com ele.

- O *Jesus teológico*: é o Jesus dos primeiros quatro concílios: Nicéia (325), Constantinopla (381), Éfeso (431) e Calcedônia (451), que definiram, de forma dogmática, os elementos fundamentais da cristologia, diante da fragmentação e do pluralismo das heresias. É o Jesus da fé, diferente do Jesus real, mesmo que tenha elementos do Jesus histórico, que será a base da unidade da fé entre os cristãos de todos os tempos, épocas e culturas.

- O *Jesus da fé*: é o Jesus crido, a resposta de fé, fruto do encontro com o Jesus da história. Ele passa a ser acreditado como o *Filho de Deus*, o *Senhor* da história, o *Salvador*, o *Messias* etc. Nesse nível, pouco importa a história: como ele era, o contexto em que vivia, o que realmente disse e fez. Vale o Jesus imaginado, representado, sonhado, na maioria das vezes relacionado com os próprios desejos e necessidades. Já é um verdadeiro símbolo, mas que tem o poder de orientar a vida e de se tornar a referência ética fundamental de grupos e pessoas.

Nossa opção é pelo Jesus da história, na tentativa prometéica de chegar um pouco mais perto do Jesus real.

3. O Jesus da história

A questão do Jesus histórico começou a ser relevante com o Iluminismo (século XVIII): até então não se via distância nem diferença alguma entre o Jesus da história e o Jesus da fé. A partir do século XVIII a "busca pelo Jesus da história" se tornou um dos temas mais importantes da pesquisa bíblica. Várias fases ou momentos a caracterizam.

3.1 A *"old quest"*

a) Os inícios

Tudo começou com Reimarus (1604-1768), o primeiro a distinguir entre a pregação de Jesus, centralizada no anúncio do reino messiânico (que ele considerava fracassada), e a fé dos seus discípulos, que viram nele o Messias espiritual. Os evangelhos, segundo o autor, basear-se-iam numa verdadeira fraude: o roubo do cadáver de Jesus pelos discípulos, fato que alimentou a interpretação de sua morte como sacrifício vicário, a fé na sua ressurreição e sua próxima volta. Posteriormente, outro autor, Strauss, definiu os elementos sobrenaturais de Jesus como a ressurreição, a subida ao céu, as curas e as ressurreições como sendo interpretações míticas. Tudo não passaria, para ele, de revestimentos narrativos e de idéias religiosas dos seus seguidores.

b) As "Vidas de Jesus"

O século seguinte, o XIX, foi caracterizado por uma fase de otimismo na pesquisa bíblica, alimentada por novos paradigmas metodológicos, como a análise crítico-literária das fontes mais antigas. Começou-se a pensar que uma outra fonte independente e distinta de Marcos estaria na origem dos sinóticos, a Fonte Q (Wilke); a priorizar como fonte histórica os sinóticos em relação a João, cujo conteúdo é por demais teológico (Baur); e a considerar Marcos o mais antigo dos evangelhos, essencial na reconstrução dos elementos biográficos de Jesus: batismo, tentações, ministério público na Galiléia, subida e ministério em Jerusalém, morte e ressurreição (Holtzmann). Tais conquistas exegéticas serviram de base para as "Vidas de Jesus" que, a partir da reconstrução das fontes originárias, buscavam reencontrar a personalidade de Jesus. A mais famosa delas talvez seja *La vie de Jésus*, de Renan (1823-1892), um católico francês que conheceu o sucesso de mais de 400 edições. A ênfase recai na questão ética, e a imagem é de um Jesus mestre espiritual de verdades religiosas e morais universais. Para muitos, as "Vidas" não passariam de belas projeções de seus autores.

c) O "Jesus escatológico"

A leitura mais incisiva da *old quest* é, sem dúvida, a interpretação escatológica. O "Jesus ético" das "Vidas" encontra seu momento mais alto no anúncio do Reino de Deus pelo "Jesus profeta" (J. Weiss, 1892). Para A. Schweitzer, o atraso da chegada do reino fez com que Jesus subisse a Jerusalém e padecesse na sua carne os sofrimentos dos últimos tempos. Nessa mesma linha devem ser colocadas e lidas as radicais exigências para poder seguir Jesus.

d) Resumindo

A *old quest* é movida não pelo interesse científico, mas pela rejeição da dogmática eclesial que, como uma máscara, recobria o rosto humano de Jesus e, por outro lado, pelas perspectivas éticas de sua pregação, ao mesmo tempo universais e modernas. Suas grandes contribuições foram a diferenciação entre os sinóticos e João como fontes históricas; a preferência de Marcos como o mais antigo evangelho; e a colocação de Jesus dentro do contexto escatológico do seu tempo.

3.2 A *"no quest"*

Dois elementos caracterizam o período sucessivo: a descoberta de que os evangelhos são expressões teológico-dogmáticas das comunidades que os produziram (Wrede, 1901) e o caráter fragmentário das primeiras fontes cristãs: como uma colcha de retalhos, são o resultado de inúmeras pequenas unidades inseridas num quadro histórico e geográfico construído pelo evangelista (Schmidth). Tal afirmação levou a uma tremenda crise na pesquisa bíblica que buscava pelo Jesus da história. Para os expoentes da "história das formas", Dibelius e Bultmann (1884-1976), os evangelhos são formados por um conjunto de tradições desarticuladas e pequenas, modeladas a partir de interesses não históricos, mas voltados a satisfazer às necessidades espirituais, catequéticas, missionárias, litúrgicas, polêmicas e exortativas das primeiras comunidades cristãs. Isso levaria à impossibilidade de conhecer o Jesus histórico, pois a imagem que dele temos é a do "Jesus querigmático", anunciado e crido pelos seus primeiros seguidores. O que vale, para os autores dessa fase, é o "Jesus da fé", o "Jesus mitificado". Há, portanto, descontinuidade entre o evento histórico em que Jesus foi protagonista e o anúncio cristológico da Igreja antiga, pela qual Jesus morreu e ressuscitou (o querigma).

3.3 A "new quest"

Uma nova onda de pesquisa sobre o Jesus histórico voltou a reafirmar com otimismo a possibilidade de uma reconstrução mínima da tradição autêntica de Jesus. Ela se baseia num novo princípio metodológico: o "critério de diferença" que, no processo de comparação, descarta o que é próprio do judaísmo e o que é próprio do cristianismo primitivo, possibilitando assim chegar ao Jesus da história. Käsemann (1953), por exemplo, põe o acento nas fórmulas "mas eu vos digo", de Mt 5, como traços característicos da pregação de Jesus. Digna de nota é também a tentativa de J. Jeremias, o qual, com a ajuda da filologia e prestando atenção aos elementos aramaizantes, tentou reconstruir os ditos autênticos de Jesus nos evangelhos (*hapax legomena*).

3.4 A "third quest"

a) A partir da década de 1980, a pesquisa do Jesus histórico, até então monopólio quase que exclusivo da academia alemã, conheceu, no mundo anglo-americano, novo impulso. Três novos pressupostos metodológicos são apresentados:

- O interesse histórico-sociológico para com o mundo judaico do século I d.C. na intenção de afirmar a continuidade social entre o Jesus histórico e o Jesus da fé.

- A inserção de Jesus dentro do judaísmo, como fundador de um movimento de renovação judaico.

- A referência a outras fontes não canônicas: além da fonte Q agora reconstruída (Köster, Robinson, Kloppenborg), os livros apócrifos e pseudepígrafos, tanto do AT como do NT, que permitem reconstruir elementos contextuais da sociedade palestina do século I.

b) Começaram a multiplicar-se os estudos sobre Jesus, enfocando elementos diferentes. A aproximação da fonte Q com o evangelho de Tomé levou a uma imagem sapiencial de Jesus, definido como mestre de sabedoria cínica (Crossan, Mack, Vaage). Por reação, reafirma-se a antiga interpretação escatológica, que vê em Jesus o profeta do cumprimento das expectativas dos últimos tempos (Sanders, Meyer). Notável importância têm os estudos que visam reconstruir o contexto histórico-social da Palestina do século I d.C.: a Galiléia (Vermes, Freyne); o contexto da guerra judaica (Horsley); o movimento de Jesus (Theissen); as influências helênicas no movimento de Jesus (Vermes, Morton Smith) etc.

c) A "terceira onda de pesquisa sobre o Jesus histórico" (*third quest*), dentro da variedade de suas contribuições, baseia-se no "princípio de continuidade" entre o Jesus da história e o judaísmo, e não na fratura. A pesquisa exegética e histórica sobre as origens do cristianismo defendia uma relação evolutiva e descontínua entre judaísmo e cristianismo. Evolutiva por considerar que o cristianismo primitivo representava um salto qualitativo em relação ao judaísmo. Descontínua porque o cristianismo se afirmaria como superação de crenças e práticas religiosas judaicas. As duas tendências religiosas teriam acabado na separação entre sinagoga e igreja, oficializada já na década de 90 d.C., com a afirmação do judaísmo normativo e o desenvolvimento próprio das primeiras comunidades cristãs. Para os estudiosos da *third quest,* a continuidade consistiria no fato de Jesus estar profundamente inserido nos movimentos de reforma típicos do seu tempo; enquanto a descontinuidade seria, posteriormente, provocada, sobretudo, por fatores externos, como a desclassificação dos cristãos da condição de *religio licita* por parte da autoridade romana e a institucionalização do cristianismo no século II, que provocou uma organização hierárquica e doutrinal. A leitura comparada dos textos cristãos mais antigos com os textos judaicos canônicos e apócrifos do mesmo período permite a reconstrução de elementos e da matriz comuns entre judaísmo e cristianismo primitivo, no que chamamos critério de continuidade ou de *plausibilidade histórica.*

4. As fontes

4.1 Descobertas arqueológicas

No século XX, duas extraordinárias descobertas arqueológicas revolucionam a pesquisa bíblica relacionada sobretudo ao Jesus histórico: a descoberta dos Rolos do Mar Morto, em 1947, e da biblioteca gnóstica de Nag Hammadi, no Alto

Egito, em 1945. É impressionante a grande quantidade de textos encontrados nas 11 grutas próximas a *Khirbet Qumran*: são cerca de 800 manuscritos que chegaram até nós em milhares de fragmentos. Pela variedade de textos e riqueza de temas, podem ser considerados os restos de uma verdadeira biblioteca. Encontram-se entre os manuscritos de Qumran textos e comentários bíblicos, textos legais que regulamentam a vida da comunidade, litúrgicos, escatológicos, sapienciais, até o mapa de um tesouro perdido. Permitem conhecer melhor a sociedade e a cultura judaicas na passagem entre as duas eras. Em Nag Hammadi foram encontrados 13 manuscritos, trazendo 53 textos em língua copta, de conteúdo gnóstico. Entre eles, 4 evangelhos apócrifos: o evangelho de Tomé, o evangelho de Maria, o evangelho da Verdade e o evangelho de Filipe. Se Qumran ajuda a entender melhor o contexto da sociedade judaica, Nag Hammadi revela um rosto plural no cristianismo das origens, marcado por correntes e grupos diversificados.

A descoberta desses documentos de certa forma "esquecidos" acendeu o interesse pelas fontes não canônicas e impulsionou a pesquisa do Jesus histórico.

4.2 Os canônicos e os extracanônicos

A pesquisa sobre Jesus sempre se baseou nos evangelhos canônicos, os únicos a serem considerados atendíveis, enquanto a literatura extracanônica era vista com suspeita e objeto de preconceitos, por ser mais recente, ou desprezada em seus conteúdos muitas vezes fantasiosos, se não heréticos. Muitos dos escritos descobertos nos últimos cem anos se revelaram, porém, anteriores ou paralelos às fontes canônicas e também à fixação do cânon. Para entendermos o valor dessas fontes, é necessário reconstruir o processo que deu origem ao cânon e que resultou na exclusão de vasta literatura.

a) A definição de cânon

Por canonicidade, entendemos o processo de seleção, operado pelas tradições judaica e cristã, dentro do seu patrimônio documental e escritural, até a formação de um corpo fechado e consolidado de livros, aceitos como verdadeiros e revelados. As dinâmicas históricas que levaram à formação do cânon refletem a passagem de uma situação teológica e ideológica fluida para uma realidade doutrinária e política bem definida (NOLA, 1996: 7). A definição do cânon é preocupação posterior, pois no momento em que os escritos foram redigidos não havia preocupações relacionadas aos seus conteúdos.

• O *cânon hebraico* foi fruto de um processo bastante demorado, que teve seu primeiro momento talvez na época de Josias (c. 621 a.C.), quando se impôs a observância do Deuteronômio (2Rs 23,1-3), e sua conclusão somente no século I d.C. O que acelerou o processo foi a necessidade de posicionamento diante da crescente produção literária dos diversos movimentos religiosos e seitas, como o cristianismo primitivo. Um dos critérios da escolha se encontra na obra *Contra Apion*, de Josefo, que, depois de ter lembrado que o Pentateuco foi escrito por Moisés, assim continua:

> Da morte de Moisés até Artaxerxes, o sucessor de Xerxes, rei dos Persas, os profetas que surgiram após Moisés recolheram as memórias de suas ações em 13 livros. Os demais 4 livros contêm os hinos a Deus e normas de comportamento para os homens (I,8).

O Talmude da Babilônia (*Baba Bathra 14b. 15a.*) lista uma série de autores de livros sagrados desde Moisés até Esdras, considerado o autor das Crônicas: o período coincide com o de Josefo, pois Artaxerxes e Esdras podem ser considerados da mesma época (século V a.C.). A confirmar essa idéia, está o fato de que o 4 Esdras, um pseudepígrafo do século I d.C., coloca Esdras como autor dos livros perdidos, para lhes garantir autoridade e legitimidade (I,1). Não podemos definir o grau de historicidade de tais confirmações, mesmo assim há aqui uma afirmação importante: nenhuma obra escrita depois de Esdras pode ser considerada sagrada. A explicação estaria no desaparecimento do espírito depois da morte de Ageu, Zacarias e Malaquias.

• O *cânon grego*. Desde a época persa, os judeus adotaram a língua do império, o aramaico, como língua oficial (exemplo disso é a secção aramaica de Esdras: 4,6–6,18). Da mesma forma, durante o reinado grego, já no século III a.C., sobretudo no Egito, surgiu a necessidade de traduzir a Torah para os judeus que já não dominavam bem o hebraico. É provável que nas liturgias as leituras fossem traduzidas, como informa o livro de Neemias (7,8), para o grego. É de pensar que tais traduções fossem aos poucos "sistematizadas" e organizadas em blocos "autorizados" de uso sobretudo nas sinagogas. Nesse contexto situa-se a lenda, relatada na *Carta de Aristeas* (9-11) do século II a.C. e nas Antigüidades Judaicas (12,11), de que Ptolomeu II "Filadelfo" (285-246) teria incumbido 70 sábios de Alexandria a traduzir para o grego a Torah. Pela "junção" das várias traduções, teria surgido a Septuaginta, a versão em língua grega da Torah (LXX). Atrás dessa iniciativa deve ter havido também a necessidade de preservar certos privilégios dos judeus na diáspora, normatizando uma prática de culto aceita pelo estado helenista. O prólogo do Eclesiástico (1–35), escrito por volta de 130 a.c., refere-se à Lei, aos Profetas e a outros Escritos, que não é possível identificar como fazendo parte do cânon hebraico: livros estes que deviam gozar de certa consideração, como os atribuídos a Davi (Salmos), a Salomão (Provérbios) e também os *dêutero-canônicos* (Tobias, Judite, Sabedoria, Eclesiástico, Baruc, 1–2 Macabeus). O processo de fechamento do cânon hebraico vai até o final do século I d.C., talvez no concílio de Jâmnia, em que os rabinos expoentes do judaísmo normativo devem ter definido com clareza o cânon da Bíblia Hebraica nos clássicos três grupos de textos: Lei (Torah), Profetas e Escritos.

• Quanto ao *cânon cristão*, também ele é fruto de um longo processo que tem seu começo já dentro do NT (Lc 1,1-4). Foi na segunda metade do século II d.C. que os textos, até então ainda abertos e sujeitos a "correções" sucessivas (p. ex., Jo 21; 7,53–8,11; Mc 16,9-20), foram definitivamente fechados. Assim, concluiu-se então a passagem da tradição oral para uma tradição escrita autorizada e normativa. Isso é visível, por exemplo, em Justino (150-165), que parece conhecer e citar os evangelhos sinóticos, atribuindo-lhes autoridade apostólica. A passagem da autoridade apostólica para a autoridade da Escritura acabaria sendo imediata. Várias listas parciais aparecem nesse período: de *Marcião* (144: 10 cartas paulinas e o evangelho de Lucas); de Taciano na Síria (170: os 4 evangelhos canônicos); de Irineu de Lião e o *Fragmento Muratoriano* (final do século II); de Clemente de Alexandria etc. O século III é marcado pela discussão sobre os livros que deveriam ser canônicos, envolvendo autores de peso, como Orígenes, Hipólito de Roma, Eusébio de Cesaréia. O resultado é a seguinte classificação de Eusébio em três grupos: livros reconhecidos ou aceitos (*homologoúmenoi*), discutidos (*antilegómenoi, notha*) e heréticos (*História eclesiástica* III. 25,1-7). No século IV, chega-se às listas definitivas, mesmo que ainda discordantes entre elas: a *Carta Pascal 39*, de Atanásio de Alexandria (27 livros canônicos); o Concílio de Laodicéia (360): 26 livros (falta Apocalipse); os Concílios de Hipona (393) e Cartago (397 e 418): 27 livros; o Decreto Gelasiano do Sínodo de Roma (382): 27 livros. A unanimidade relativa aos livros do NT foi alcançada no século VI, mas seria consagrada somente no Concílio de Trento, do século XVI. A variedade e o pluralismo doutrinal dos primeiros séculos, que deram origem aos mais variados escritos, significaram, com o fechamento do cânon e a definição doutrinária, a afirmação da tradição ocidental (Síria, Grécia e Itália), ligada a Pedro e Paulo, acima das demais tradições cristãs, tachadas muitas vezes de heréticas e tendo seus livros sagrados excluídos, quando não condenados. Nesse processo, que, em muitos casos, foi extremamente dolorido, estiveram presentes também questões políticas e hegemônicas, rivalidades e ciúmes entre os grandes centros do império (Alexandria, Antioquia, Roma), cada qual querendo afirmar sua influência. Entre os critérios teológicos mais significativos estão a fidelidade à sucessão apostólica e a ausência de heresias da tradição romana. Uma das conseqüências desse processo foi um vasto número de livros apócrifos, entre eles vários evangelhos. O fato de que o fechamento do cânon foi possível somente a partir do século IV não é pura causalidade, pois somente nesse período chegou-se a aperfeiçoar a técnica de fabricação dos grandes códigos, com muitas folhas, tornando possível colecionar juntos vários textos, até então dispersos em inúmeros pequenos códigos soltos.

b) A literatura extracanônica

A literatura extracanônica é definida com o termo grego "apócrifo", que significa "o que é oculto, escondido, coberto, tirado do conhecimento de alguns". No passado, "apócrifo" era sinônimo de "falso", relacionado à heresia doutrinal ou à atribuição de livros a "falsos autores". A palavra "apócrifos" está relacionada a um grande número de obras judaicas e cristãs compostas entre o século III a.C. e o século II d.C. Em comum têm o fato de não pertencerem a nenhum cânon, à exceção do Enoque Etíope, que é canônico na Igreja cristã copta, em cuja língua foi conservado. O termo "apócrifo" é típico da tradição católica, enquanto a tradição protestante se dirige a essas obras chamando-as de "pseudepígrafos", pela sua pseudonimia ou "falsa" autoria, sendo a maioria delas atribuída a grandes personagens do passado, como Adão, Moisés, Enoque, Elias, Davi, Salomão etc. A pseudepigrafia era uma prática comum no mundo judaico. Sua finalidade era mostrar a continuidade de uma certa tradição religiosa. Temos inúmeros apócrifos do AT (o 4 Esdras, no final do século I d.C., fala de 24 livros conhecidos e que compunham o cânon hebraico, e de outros 70 que devem ficar escondidos, provavelmente os apócrifos judaicos; 14,45), enquanto da literatura cristã nos restam vários evangelhos apócrifos, alguns dos quais podem ser considerados também pseudepígrafos, por serem atribuídos a personagens relevantes do cristianismo originário, como Tomé, Pedro, Tiago, Filipe, Nicodemos, Maria Madalena etc. O pseudepígrafo cristão mais famoso é, porém, o livro do Apocalipse, atribuído ao apóstolo João.

c) Três posturas acadêmicas em relação
à literatura extracanônica

Há, segundo Theissen, três posições dos estudiosos em relação à literatura extracanônica (1999: 35-42):

- A irrelevância dessas fontes na busca da reconstrução da vida de Jesus. Tal posição se motiva sobre três argumentações: a datação mais recente sobretudo dos evangelhos apócrifos, excluindo qualquer possibilidade, neles, de tradições antigas; a sobrecarga de trechos fantásticos e lendários que prejudica sua veridicidade histórica; por fim, a não-ligação à tradição apostólica, garante da historicidade. São posições questionáveis, porque se fundamentam numa visão dogmática. Acreditamos que tais escritos, mesmo que devendo ser tomados com cuidado, contêm preciosas informações históricas sobre Jesus. Além disso, eles, como também os evangelhos sinóticos, são expressões de comunidades de crentes, que se desenvolveram provavelmente à margem da *ecclesia* oficial.

- A busca pelos *agraphas* (os ditos autênticos de Jesus) nos apócrifos do NT: tal pesquisa, que teve início no século XIX, conheceu dois momentos fortes: os estudos de Joaquim Jeremias, que conseguiu selecionar 10 *agraphas* provavelmente de Jesus, mas a partir do critério de sua presença nos evangelhos sinóticos; e a descoberta do evangelho copta de Tomé, uma coletânea de ditos de Jesus cujo conteúdo estava em parte em alguns papiros antigos conhecidos, como o Ossirinco. A partir do

Evangelho de Tomé, abriu-se a possibilidade de uma nova tradição independente sobre os inícios do cristianismo, que ainda tem sua referência na Escola de Claremont (Crossan, Mack etc.).

- A equivalência entre fonte canônica e extracanônicas. Nos últimos anos, vários pesquisadores atribuíram a mesma importância a ambas as fontes. Historicamente, a tradição canônica é o resultado de um processo longo no qual vários escritos, igualmente antigos, foram excluídos, sobretudo os relacionados a algumas áreas geográficas, como o Egito e a Síria oriental (Edessa). A tradição oral e a escrita sobre Jesus continuou a existir e a ser usada pelas comunidades, sobretudo na liturgia e catequese, independente e paralelamente aos evangelhos oficiais, até a primeira metade do século II. Por fim, foi confirmada a existência, desde os inícios, de gêneros literários específicos, como o dos ditos de Jesus, presentes tanto nas fontes canônicas como nas extracanônicas (Fonte Q, Mc 4; 1 Clemente 13,2), além de outros gêneros literários, como diálogos (João e Egerton), relatos da infância (Mt 1–2/Lc 1–2 e evangelhos da infância), relatos da paixão (evangelhos canônicos e evangelho de Pedro) etc.

Foi sobretudo dos últimos vinte anos a grande busca pelas fontes extracanônicas, consideradas ao lado das canônicas, pelo que concerne tanto à antigüidade quanto à tradição literária. Concentraremos nossas atenções na Fonte Q, por ela ser talvez o primeiro documento cristão.

4.3 A Fonte Q

Entre nossas fontes de referência, merece destaque a Fonte do Ditos de Jesus, ou Fonte Q, cuja existência, mesmo que ainda questionada, é aceita pela maioria dos estudiosos. Ela se insere no debate sobre o "problema sinótico". Segundo a "teoria das duas fontes", Mateus e Lucas teriam utilizado na composição de suas obras literárias Marcos e "outra fonte", chamada *Quelle*[2] ("fonte" em alemão), além de fontes particulares. Na comparação entre Mateus e Lucas evidencia-se um certo material comum, que, presume-se, teria pertencido a essa fonte perdida. A importância de Q está no fato de ela ser anterior a qualquer outro evangelho escrito: seria não somente a fonte comum entre Mateus e Lucas, como se pensou num primeiro momento, mas de fato um verdadeiro evangelho que ficou perdido por quase 1.800 anos. Tratar-se-ia do evangelho dos primeiros seguidores de Jesus, ambientado na Galiléia dos anos 40-50:

> Uma leitura atenta de Q nos permite lançar luz sobre aqueles primeiros seguidores de Jesus. Podemos vê-los na estrada, no mercado, em suas casas. Podemos ouvi-los conversando sobre a melhor conduta; podemos ter uma idéia do espírito do movimento e de suas atitudes perante o mundo. Uma noção de seus objetivos pode ser delineada a partir de suas sutis mudanças de comportamento em face de outros grupos, num período de cerca de duas ou três gerações de vigorosa experimentação social. É um vivo retrato. E está completo o bastante para reconstruir a história do que aconteceu entre

---

[2] O primeiro estudioso a usar o nome *Quelle* para definir uma hipotética fonte mais antiga, que não continha narrativas sobre Jesus, mas teria sido um relato completo sobre seu ministério e o começo de uma biografia, foi Johannes Weiss, no começo do século X.

o tempo de Jesus e a emergência dos evangelhos narrativos que mais tarde dariam à Igreja cristã sua versão oficial dos primórdios do cristianismo (MACK, 1994: 12).

Em relação à extensão de Q, muitos autores pensam que o documento original teria sido bem mais amplo do que o reconstruído. A argumentação baseia-se no tratamento diferenciado dado pelos evangelistas às narrativas e aos ditos. Estima-se que haja somente entre 10% e 14% do original de Q preservado nos evangelhos. É de pensar que outro material preservado só em Mateus ou em Lucas pertença a Q, mas não há elementos para identificá-lo.

Mesmo que Q apresente evidências estilísticas aramaicas e semitismos, provavelmente translações e sinônimos, é difícil concluir que ela tenha existido originariamente em aramaico. Entre o aramaico e o grego, prefere-se pensar que Q foi formulada em grego. Quanto à datação, o documento teve sua redação provavelmente entre os anos 40 e 70 d.C., mas não depois de 70, pois pouco ou nada em Q pode ser relacionado ao desastre da guerra judaica. Theissen situa a data entre 40 e 55 d.C., justificando sua tese na hostilidade entre os fariseus e o movimento de Jesus na época do imperador Cláudio e do rei Agripa I, enquanto, depois desse tempo, os fariseus teriam sido mais abertos ao movimento cristão e menos antagonistas (THEISSEN, 1991: 204-234). Dois elementos levam o autor a essa consideração: depois de 55, Josefo testemunha a resistência de alguns observadores da lei diante da condenação à morte de Tiago, irmão do Senhor (Josefo, Ant.Jud. XX, 200 // At 12,17; 15,13; 21,18); e o fato de Paulo ter sido defendido diante do Sinédrio por alguns fariseus, episódio ocorrido mais ou menos por volta de 50 d.C. (At 23,9).

Sobre o lugar de origem de Q, há bastante consenso de que se trataria do norte, na Galiléia ou em suas redondezas, mas não da Judéia ou de Jerusalém. Além de Jerusalém, as únicas cidades nomeadas são dessa região: Cafarnaum (Q 7,1; 10,15), Corazím (10,13), Betsaida (10,13) e as cidades pagãs de Tiro e Sidônia (10,14).

A reconstrução do texto originário, baseando-se nos textos em grego de Mateus e Lucas, representou um dos grandes desafios de Q. Sua realização se deve sobretudo ao *International Q Project*, da Sociedade de Literatura Bíblica, sob a direção de James Robinson, no Instituto de Antigüidade e Cristianismo, em Claremont. A publicação da edição crítica do texto de Q[3] representou, sem sombra de dúvida, um marco histórico no estudo desse importante documento.[4]

---

[3] KLOPPENBORG, *Q Parallels*. Além dessa, há outras reconstruções ou tentativas de reconstrução do texto originário: MACK, *O evangelho perdido*, pp. 81-100; HAVENER, *Q. The Sayings of Jesus*, pp. 123-149. Ultimamente saiu a edição crítica de Q: ROBINSON; HOFFMANN; KLOPPENBORG (eds.), *The Critical Edition of Q*.

[4] O texto completo e traduzido da Fonte Q pode ser encontrado no apêndice da revista *Ribla* 22 (1995), Petrópolis, pp. 162-170.

Capítulo II

Jesus dentro do judaísmo

1. O caráter apocalíptico do judaísmo tardio

O exílio na Babilônia representa um dos marcos mais profundos da história do povo de Israel. O fim das estruturas sobre as quais a sociedade judaica se alicerçava — a monarquia, a independência político-territorial, o templo e outras — levou a uma grande reflexão sobre as causas do acontecido. A reflexão teológica, que nesse período expressou-se em várias escolas e tradições teológicas, como a Obra Histórica Deuteronomista, a História Sacerdotal e o Cronista, buscou, na releitura da história passada, interpretar os erros que motivaram tão grande desastre; A Bíblia Hebraica, documento da memória político-religiosa e testemunha por excelência da identidade do povo, é fruto redacional dessa época: o Pentateuco foi editado provavelmente por volta do ano 300 a.C.

A partir do exílio não há mais independência política. O território que antigamente correspondia a Israel e Judá foi totalmente dominado pelos grandes impérios do Oriente, que, um após outro, se sucederam na cena internacional: o Babilônico (século VI a.C.), o Persa (séculos VI-IV), o Helênico (séculos IV-I a.C.) e o Romano (a partir do século I a.C.). A opressão é cada vez mais sutil e sofisticada. Procuram-se eliminar os traços culturais típicos de cada povo e impor, às vezes pela força, um modelo cultural vindo de fora, do império dominante, cuja ideologia assume traços globalizantes: os mesmos costumes, a mesma língua, a mesma religião. "Formar um só povo" (1Mc 1,41-42) é a palavra-chave do novo imperialismo, que não passa de uma nova ideologia para encobrir e legitimar a espoliação econômica e a subserviência impostas aos derrotados.

A propaganda imperial apresenta sua vitória e poder como benevolência dos deuses protetores, enquanto a derrota mostra a fraqueza dos deuses dos vencidos. Na Babilônia, os judeus provavelmente ficaram impressionados com a grandeza dos templos (*ziqqurat*, Gn 11,1-9) e a força dos deuses mesopotâmicos (*Marduk*, Is 46,1; Jr 50,2), assim como com a beleza e grandeza das cidades (Jr 25,11; Is 47; Dn 4,27). A idéia de que a vitória e a derrota dependiam da força dos deuses começou a penetrar o imaginário judaico: a história está nas mãos de forças sobre-humanas (os deuses), que decidem a sorte dos povos e das pessoas. Já estava na teologia judaica da retribuição (livro de Jó), que bem e mal, prosperidade ou desgraça, saúde ou doença, são conseqüências da atitude humana perante a lei de Deus. Só que agora, pela forte influência da cosmologia babilônica, o céu, como mundo dos seres divinos, torna-se mais decididamente a referência da terra: é no céu que as grandes batalhas, como também a vida do povo e das pessoas, são decididas. Aqui está uma das grandes idéias e raízes da apocalíptica judaica: um movimento religioso caracterizado por uma profunda mística, que alimentou os mais diversos grupos sociais e que produziu imensa literatura entre o século III a.C e os séculos III-IV d.C., a maioria da qual era composta de textos apócrifos.[1]

---

[1] A literatura "apócrifa" e "pseudepigráfica" se expressa em vários gêneros literários: apocalipses, testamentos, relatos de viagens celestiais e de visões, cartas, oráculos de

Sinal de sua importância e prestígio é também a quantidade de línguas em que foram traduzidos: latim, siríaco, árabe, armênio, etiópico, copta, eslavo antigo, georgiano, mesmo que quase todos eles tenham sido considerados apócrifos.

Mas o que mais caracteriza a literatura apocalíptica é sua cosmovisão. A realidade é concebida de forma dualística, como campo de batalha de forças opostas e em conflito. Bem e mal estão batalhando entre si, no céu como na terra. O conflito se dá primeiramente dentro de cada pessoa humana: no *Tratado dos dois espíritos*, na Regra da Comunidade, documento dos Rolos do Mar Morto, atribuído aos essênios, diz-se que "Deus criou o homem para dominar o mundo e pôs no homem dois espíritos, para que caminhe neles até o tempo de sua visita: são os espíritos da verdade e da falsidade" (1QS III,18). O homem já nasce com essa dualidade, que o acompanhará ao longo de toda a sua vida. Num nível cósmico, o dualismo se expressa no conflito entre os princípios do bem e do mal: na literatura apocalíptica, Miguel e seus anjos estão lutando contra o Diabo (chamado também: Belial ou Mastema) e seus demônios para o domínio do universo. O Livro da Guerra, de Qumran, descreve a guerra escatológica nos mínimos detalhes: as estratégias militares, a organização do exército e até a roupa dos soldados, tudo está bem organizado e pronto para o grande momento, que se desenrolará em sete etapas: nas primeiras três, os filhos da luz vencerão; nas segundas três, a vitória será dos filhos das trevas; enfim, no sétimo momento, Deus vencerá, pela intervenção do seu Messias (para o documento, o arcanjo Miguel) (1QM I). Na realidade, a verdadeira arma da vitória

---

julgamento, parábolas, hinos, orações, textos litúrgicos etc., sendo difícil catalogá-la como um todo.

é a observância da lei. De fato, "no dia em que o homem se comprometeu a retornar à lei de Moisés, o anjo Mastema[2] se distanciará dele se ele observar suas palavras", lemos no Documento de Damasco (XV,5). No nível histórico, o dualismo é o reflexo da situação de dominação que o povo vive, de falta de liberdade, exploração e espoliação dos impérios que se sucedem na cena internacional.

A história, caracterizada por esse grande conflito e oposição de forças contrastantes, está caminhando para seu desfecho final. Os apocalípticos, verdadeiros descendentes dos astrônomos e dos magos persas, defendiam o determinismo histórico, pois tudo fora criado por Deus e era regido por leis sábias que ele tinha estabelecido. Nada escapava ao seu domínio. Assim, a divisão da história em períodos (p. ex., as setenta semanas de Dn 9,24) servia para mostrar que tudo estava determinado. O momento atual estava marcado pela prevalência do mal acima do bem, mas a salvação dos justos e a condenação dos maus estavam próximas.

A mudança na história se dará pela intervenção de Deus, que, através da atuação decisiva de seu Messias, irá derrotar definitivamente o Diabo e seus seguidores (os maus e o império opressor). Ele realizará o julgamento final, no qual se definem a salvação dos bons e a condenação dos ímpios, e instaurará o reinado definitivo de Deus. Tal intervenção assume os traços do êxodo, quando Deus se engajou historicamente na luta de libertação de seu povo contra o Faraó (Ex 7–12), e é descrita na imagem da batalha escatológica entre o Messias e o Diabo (Dn 12; 7,13-14; Lc 4,1-13; Mc 13; Ap 12 etc.).

---

[2] O Diabo é considerado, na literatura judaica deste período, um anjo decaído. Ver a este propósito o meu artigo: "Como é que é sentir o calor?" A história de Lúcifer que se tornou demônio por causa da mulher. *Estudos Bíblicos* 72 (2002), Petrópolis, pp. 73-89.

2. Raízes e evolução do messianismo judaico

No pensamento judaico, o termo "messianismo" se refere geralmente a dois elementos: a espera de um tempo futuro caracterizado pela felicidade e pela justiça; e a crença de que o mundo feliz será trazido não tanto pela ação de forças somente humanas (p. ex., pela observância estrita da lei), como pela mediação de uma ou várias figuras divinas, denominadas Messias.

O termo hebraico e aramaico *masiah* não se refere nunca, no AT, a uma figura salvadora do futuro, mas a uma personagem histórica presente, geralmente o rei e, poucas vezes, aos sacerdotes, patriarcas e profetas. Só posteriormente o termo passa a ser aplicado a tais figuras para designar a salvação escatológica. Talvez se deva usar o termo "ungido" para indicar o Messias histórico dos textos e deixar o termo "Messias" para as expectativas do futuro.

A origem do messianismo está na teologia davídica, quando Deus, pela boca do profeta Natã, promete a Davi a estabilidade do seu reino e descendência para sempre no seu trono (2Sm 7,12-13). A sobrevivência relativamente longa do reino de Judá, à diferença do reino do Norte (tomado pelos assírios no século VIII), mesmo que em situação de vassalagem dos impérios estrangeiros, e o trabalho ideológico que considerou Davi e seus sucessores representantes de Deus na terra ("Eu serei para ele um pai e ele será para mim um filho", 2Sm 7,13) projetaram na história a imagem de Davi como o rei ideal e alimentaram a esperança que de sua linhagem sairia o salvador futuro. Nessa mesma linha, as releituras posteriores, a começar de Is 11,1-5, descreverão o descendente de Davi como aquele que irá instaurar o tempo feliz, através de seus extraordinários carismas de sabedoria, justiça, fidelidade etc. No seu começo, o messianismo foi, portanto, real e davídico, e assim permanece até o fim da monarquia (Jr 23,5).

Ezequiel é o primeiro a separar o futuro rei da casa de Davi. Sua posição reflete o momento histórico do fracasso da monarquia davídica e sua situação de sacerdote. O futuro que ele enxerga será dominado por duas figuras: ao rei (imaginado como o pastor do povo, Ez 34 e 37) se acrescenta agora o sacerdote. Tal concepção vê sua realização histórica aproximadamente por volta de 521, quando uma grande caravana de exilados chegou a Jerusalém, guiada por duas figuras, um leigo, Zorobabel, e um sacerdote, Josué, ambos, na afirmação de Zacarias, "ungidos" (4,14). Zorobabel parece ter a proeminência até 515, data da reconstrução do novo templo, até quando os dois ainda estão juntos. Depois disso, Zorobabel desaparece de repente, sendo apresentado somente Josué (Ant.Jud. II,79s). Com toda a probabilidade, uma autonomia política em Judá era considerada bastante perigosa, sobretudo aos olhos dos samaritanos que reivindicavam o domínio da província denominada Transeufratênia (Esd 4,23; Ant.Jud. II,114-119). Podemos conjeturar a eliminação até física do descendente real, que desaparece pelo menos por três séculos, na chamada "crise do davidismo". Esse fato abre o caminho para investir de significados messiânicos a figura sacerdotal.

Em outras tradições pós-exílicas, a mediação messiânica parece não ser necessária, pois o mundo feliz, no futuro, será trazido pela intervenção direta de Deus. É o caso do terceiro Isaías (60,17), um profeta provavelmente desiludido com as experiências de Zorobabel e Josué, e de Abdias e Joel, do século V.

Depois deles, houve o vazio, justificado talvez por uma situação política relativamente tranqüila de Judá nesse período.

A esperança messiânica volta com força por ocasião da crise política do século II, que coincide com o fim do sadocismo. Diante da tragédia desencadeada pelos antíocos, o olhar volta-se de novo para o céu, na busca de explicação, ajuda e esperança por um mundo melhor. A espera pela intervenção de Deus se faz mais viva. É nesse contexto que tomam forma definida algumas figuras de homens que, não tendo morrido, vivem na esfera celestial: Elias, Enoque, Melquisedec e o Filho do Homem. Elias, pela profecia de Malaquias, voltaria na terra para convidar Israel à conversão antes do grande "dia de Jahvé" (3,23-24). Enoque, cuja figura está relacionada ao calendário solar de 365 dias (Gn 5,23), era considerado um revelador de verdades celestiais: está acima dos anjos mediando entre eles e Deus. Melquisedec aparece ligado à função de juiz e salvador do povo, na batalha escatológica em que o Diabo é derrotado. Por fim, o Filho do Homem, dependente claramente da visão de Dn 7, figura ambígua que, segundo estudiosos, não teria nenhuma valência messiânica, sendo simplesmente figura do povo eleito, mas que em nossa opinião tem traços de juiz e rei escatológico.

3. A tradição angelomórfica

A tradição apocalíptica judaica atribui a função messiânica a uma figura angelical, que age em nome de Deus. A partir da literatura apócrifa (sobretudo Qumran) foi possível estudar melhor o papel e a função dos anjos no judaísmo do segundo templo. No judaísmo pós-exílico atesta-se a presença de inúmeros anjos com funções de mediação, proteção, libertação e intercessão, cuja natureza é "divina" (definida com o termo hebraico *elohim*, "divinos"), e, por isso mesmo, às vezes venerados e cultuados (Ap 19,10; Cl 2,18; As 7,21).[3]

O angelomorfismo,[4] anjo em forma de homem ou homem elevado à condição angelical, é um tema recente nos estudos bíblicos. Sua importância despontou com o surgimento da pesquisa sobre os anjos e suas funções, no contexto dos estudos sobre o judaísmo tardio. Entende-se que os anjos estão intimamente ligados à revelação do Deus de Israel, que, em muitos casos, se comunica com os seres humanos em formas angélicas. No Antigo Testamento, aparece várias vezes a figura do "Anjo do Senhor", que nada mais seria que a manifestação do próprio Deus (Gn 16,7-13; 32,24,30; Ex 14,19; 12,21-29; 23,20-24; Js 5,13-15; Jz 13,3-22; Os 12,3-4; 1Cr 21,14-16 etc.). O Anjo está próximo de Deus e de seu trono; na aparição terrena assume características físicas numa gama bastante ampla: fogo, nuvem (angelomorfismo) e até de homem (antropomorfismo); exerce funções e atos típicos de Deus; possui o Nome divino; e pode ser objeto de alguma veneração. Há fundamentalmente duas interpretações do "Anjo do Senhor": ele é outro indistinguível de Deus, como sua visível manifestação; ou ele é distinto de Deus, partilhando a autoridade de Deus e sua "substância" através da possessão do nome divino.

Além do "Anjo do Senhor", o Antigo Testamento apresenta várias hipóstases divinas angelomórficas. O conceito de "hipóstases" tem a ver com a substância, a essência de uma

---

[3] Para aprofundar o tema, ver o belo estudo de STUCKENBRUCK, *Angel Veneration and Christology*, pp. 45-202.

[4] Ver, a este propósito, o estudo completo de GIESCHEN, *Angelomorphic Christology*, pp. 57-69.

coisa, que no nosso caso chega a ter uma subsistência ou existência individual, uma "personificação". Encontramos isso relacionado ao "Nome de Deus", que, sobretudo na teologia deuteronomista, se tornou importante para expressar tanto a presença de Deus no lugar do seu culto quanto a distinção entre os seres divinos no céu e sua representação no monte Sião (Dt 12,11.15; 1Rs 8,16.43; 5,5). Também, o Nome é instrumento usado por Deus na criação do mundo (Sl 124,8; Jub 36,7; 1En 69) e se hipostasia angelomorficamente na figura do Anjo protetor que precede o povo no caminho do deserto (Ex 23,20-24) e no arcanjo Miguel. No 1 Enoque, pseudepígrafo do século II a.C., o Diabo pede "a Miguel para mostrar-lhe o Nome secreto, para que os homens vissem este Nome secreto e lembrassem dele no juramento" (1En 69,14-15).[5] Essa tradição leva à crença na preexistência da figura angelomórfica que possui o Nome divino.

Outra hipóstase antropomórfica é a "Glória de Jahvé", que assume a forma de nuvem ou fogo (Ex 33,17-34; Is 6,1). Em Ez 8,2, ela assume a forma de Homem (1; 8,2) e, em 1En 14,20-22, é entronizada sendo cada vez mais entendida como uma figura angelomórfica distinta de Deus e que aos poucos vai ocupando seu trono.

Outras hipóstases antropomórficas são: a *Sabedoria* (Pr 8,22-31; 1En 42; 2En 30,8; Sabedoria de Salomão 9,1); a *Palavra* (*dabar*) (Gn 15,1; 1Sm 3,1.6.10.21; Jr 1,4; 1Rs 19,4-9; Livro dos Jubileus 2,1); o *Espírito* (*ruah*) (Sl 104,4; 1QM 12,8-9; 1En 39,12); o *Poder de Jahvé* (Jr 17,3; Ap.Abr. 10,8). Nenhuma dessas hipóstases pode ser lida como distinta

---

[5] Outros textos parecidos relacionados a outros Anjos: Yaoel: Ap.Abr 10,3-8; Metatron: 3En 12,5–13,1; Israel/Jacob: PrJos 9; a Palavra: Fílon, *Migr* 174; Moisés: *Targum Samaritano* Ex 23,20-21; Cristo: Clemente de Alexandria, *Paid.* 1.7.

e separada de Deus; elas estão intimamente inter-relacionadas com aspectos diferentes de Deus. Aos diversos "anjos principais" era atribuído o mais alto *status* que acompanha a investidura do Nome ou as marcas externas da Glória. Entre eles, lembramos: Miguel, Gabriel, Rafael, Uriel, Israel, Yaoel, Metatron. Havia uma ênfase crescente, nessa literatura, em interpretar o anjo principal como uma figura ao lado de Deus, e a proeminência é dada à tradição do Anjo do Nome divino, atributo-chave para ter autoridade divina e partilhar a mesma substância divina.

Mas não somente seres divinos têm atribuições angelomórficas. Também homens podem ser considerados da mesma natureza dos anjos, mesmo que vivos e ainda na terra. Todavia, é a "assunção ao céu ou a subida mística que traz um *status* angelical para um humano. Uma transformação angelomórfica acontece quando a pessoa chega à presença do Deus entronizado" (GIESCHEN, 1988: 183). Entre os seres humanos que gozaram desta situação está Adão, por ter tido um corpo angélico luminoso antes da queda e ter sido criado à imagem de Deus (Gn 1,26-27). Na Vida de Adão e Eva (apócrifo do século I d.C.), a queda de Satanás é motivada pela sua recusa à ordem de Miguel de venerar Adão "como imagem de Deus" (14,2). Abel também é uma figura gloriosa entronizada para o julgamento, no Testamento de Abraão (12,4; 13,2); o patriarca Enoque, que foi elevado aos céus e é apresentado como um viajante celestial (1En 71,14; 2En 22,5-10); Noah (1En 106,2-6); Jacó (José e Asenet 22,6-8); além de profetas como Moisés (Eclo 5,1-5), Elias (2Rs 2,1-11; Eclo 48,1-11; Ml 3,1); sacerdotes: Levi (Testamento de Levi 8,1), Melquisedec (Sl 110,4; 11QMelch); reis: Davi (2Sm 14,17; Zc 12,7). E os *maskîlîm* (sábios) do livro de Daniel, a elite do grupo dos fiéis, que "resplandecerão com o resplendor do firmamento [...] e hão de ser como as estrelas, por toda a eternidade" (12,3) por causa de sua justiça. Afirma-se, aqui, essencialmente, que os líderes justos, mortos na perseguição, serão transformados em anjos, pois as estrelas eram consideradas seres vivos e foram identificadas com anjos, pela tradição bíblica (ex.: Jo 38,7).

A tradição angelomórfica é assimilada também pela literatura cristã. Anjos em formas humanas aparecem a Zacarias, no templo (Lc 1,11), a Maria (Lc 1,26), a José (Mt 1,20; 2,13), aos pastores (Lc 2,9), a Jesus no deserto (Mt 4,11) e no horto das oliveiras (Lc 22,43); na ressurreição (Mt 28,5). Os anjos têm várias funções: são mensageiros (At 8,26; 10,3), libertadores (At 5,19), levam as almas dos justos para o paraíso (Lc 16,22), trazem a lei aos homens (At 7,33), guerreiam contra os demônios (Mt 26,53; Ap 12,7), prestam culto a Deus (Ap 5,2) etc. Sua presença se torna maciça nos tempos finais: na parábola da colheita, eles são os ceifadores que vêm julgar a humanidade (Mt 13,36-43) e estão quase sempre ao lado do Filho do Homem, figura relacionada ao julgamento escatológico (Mt 16,27; Ap 1,1-11.18). Acreditava-se que o destino do homem e da mulher, após a morte, seria a elevação à condição angelical: "Quando ressuscitarem dos mortos, serão como os anjos nos céus" (Mc 12,25). Nesse sentido a ascensão de Jesus ao céu pode ser interpretada como a elevação à condição divina (Lc 24,51; At 1,10-11), fenômeno parecido ao ocorrido no episódio da transfiguração, que envolveu também Elias e Moisés (Mc 9,2-8).

4. As tradições dos anjos combatentes

Na tradição angelomórfica, três figuras de anjos destacam-se, por estarem relacionadas às funções messiânicas da salvação e do julgamento escatológico: são elas as tradições de Miguel, do Filho do Homem e de Melquisedec. Tais tradições serão para nós de grande importância, pois acreditamos que elas representem a raiz que pode ter originado a cristologia posterior.

4.1 Miguel

A tradição judaica atribui ao anjo Miguel funções extraordinárias. Ele é o anjo protetor de Israel, pois cada nação tem um anjo padroeiro, sendo definido com o epíteto de "Príncipe de..." (Dn 10,13). Sua função é vigiar sobre o povo e representá-lo na assembléia celeste. Fundamentalmente, três são, ao longo do tempo, as atribuições de Miguel:

Guerreiro divino. Miguel é "um dos primeiros Príncipes" (Dn 10,13), ou "Príncipes da primeira ordem": trata-se, segundo a descrição do Livro de Enoque, dos Arcanjos: Miguel ("Quem é como Deus?"), Gabriel ("Homem de Deus"), Rafael ("Deus cura") e Uriel ("Luz de Deus"). É Miguel quem socorre o povo contra a ameaça do Príncipe do reino da Pérsia (Dn 10,13.21), por isso ele "se conserva junto dos filhos do teu povo" (Dn 12,1). Ele é um anjo guerreiro, o chefe dos exércitos divinos que guerreia na defesa do povo de Israel contra todos os que o ameaçam, sobretudo Satanás: "Desde antigamente, encarregaste o Príncipe da luz que nos ajudasse [...] e todos os espíritos da verdade estão sob seu domínio" (1QM 13,10). A ele se aplica o termo *s'ar*, que no AT é usado para definir o comandante do exército (1Sm 17,55; 1Rs 1,19; 2Rs 4,13; 25,19), sendo, portanto, considerado o chefe das hostes divinas de Jahvé (Js 5,14). O mesmo conceito de guerreiro divino relacionado a Miguel está presente em Daniel:

Nesse tempo, levantar-se-á Miguel, o grande Príncipe, que se conserva junto dos filhos do teu povo. Será um tempo de tal angústia que jamais terá havido até aquele tempo, desde que as nações existem. Mas nesse tempo o teu povo escapará, isto é, todos os que se encontrarem inscritos no livro (12,1).

Trata-se do tempo do fim (11,40),[6] marcado por guerras e pela ação escatológica de Miguel, a qual tem como conseqüência a salvação dos eleitos e a derrota do último inimigo, a morte (12,2-3). Miguel, portanto, qualifica-se como o libertador escatológico, o agente da intervenção divina. Essa é claramente uma função messiânica.

Em outros textos, confirma-se essa função de Miguel. Na Regra da Guerra, a guerra escatológica é vencida pela intervenção final de Miguel, que derrotará Belial:

> Este é o dia fixado para humilhar e para rebaixar o príncipe do domínio do mal. Enviou ajuda eterna ao lote redimido com o poder do anjo Majestoso, pelo serviço [...] de Miguel em luz eterna. Fará brilhar de gozo a aliança de Israel, paz e bênção ao lote de Deus. Exaltará sobre os deuses o serviço de Miguel e o domínio de Israel sobre toda carne (1QM 17,5-8).

Miguel aparece em oposição a Belial, como o "Príncipe da luz", relacionado, por oposição, a *Lúcifer* ("o Portador da luz", o anjo da luz que caiu nas trevas (Is 14,14) (SCHIAVO, 2002: 73-89). É natural, portanto, que, no papel de protetor e salvador do povo na luta contra Satanás, Miguel seja considerado divino (*elohim*), uma espécie de superanjo acima de todos os demais.

---

[6] Historicamente, é tempo do perseguidor Antíoco IV Epífanes (164 a.C.)

Por trás da tradição de Miguel como anjo guerreiro, há a tradição bíblica do *Anjo de Jahvé* que combate na frente do exército de Israel contra os egípcios:

> Então o Anjo de Deus, que ia adiante do exército de Israel, se retirou e passou para trás deles. Também a coluna de nuvem se retirou de diante deles e se pôs atrás, ficando entre o acampamento dos egípcios e o acampamento de Israel (Ex 14,19-20).

O mesmo se diz no livro dos Jubileus, um apócrifo datado entre o final do século I e o começo do século II a.C. que, comentando o Êxodo, afirma que a batalha é entre o Anjo de Jahvé e o Príncipe Mastema,[7] que atua ao lado dos egípcios. O *Anjo de Deus* é o próprio Deus na forma visível em que aparece aos homens (Gn 16; Ex 23,20): por isso seu apelido de "divino" (*elohim*).

Miguel aparece guerreando também no livro do Apocalipse, sempre contra Satanás, agora definido como o Dragão:

> Houve então uma batalha no céu: Miguel e seus Anjos guerrearam contra o Dragão. O Dragão batalhou, juntamente com seus Anjos, mas foi derrotado, e não se encontrou mais lugar para eles no céu. Foi expulso o grande Dragão, a antiga serpente, o chamado Diabo ou Satanás, sedutor de toda a terra habitada — foi expulso para a terra, e seus Anjos foram expulsos com ele (Ap 12,7-9).

Esse texto é interessante por trazer também a referência ao mito dos Anjos caídos (Gn 6,1-4; 1En 6–8) e a *Lúcifer*.

---

[7] Literalmente significa "ódio". Com este nome é chamado Satanás no livro dos Jubileus.

Defensor no julgamento. Em outra tradição, num contexto judicial, Miguel aparece como o defensor. Está relacionado ao verbo hebraico *hāmār,* a figura sacerdotal: "Nesse tempo, levantar-se-á Miguel, o grande Príncipe, que *se conserva junto* dos filhos do teu povo" (Dn 12,1), que ocorre geralmente em contextos jurídicos (Dt 19,16; Js 20,6; Ez 44,24; Is 50,8) e pode ser mais bem traduzido como: *está em favor* ou *para...* Nesse sentido, Miguel é o anjo defensor, uma espécie de advogado que defende o povo do anjo acusador, que na literatura bíblica e extrabíblica é identificado com Satã (literalmente, *acusador*). Este é o contexto de Jó 1–2, em que o anjo acusador (*Satã*) procura motivos para pôr em dúvida a retidão de Jó, enquanto em Zc 1,12 aparece o Anjo de Jahvé que intercede pedindo para que Deus tenha piedade de Jerusalém. Em Zc 3, há uma cena de julgamento: o sumo sacerdote Josué está de pé diante do Anjo de Jahvé e de Satã. Se um defende, o outro acusa. Anjos de acusação e de defesa aparecem no livro dos Jubileus. Para o autor, Moisés sobe ao monte Sinai para receber a lei, mas na realidade o Anjo de Deus lhe conta toda a história que precedeu aquele momento a partir da criação do mundo, revelando também o destino de Israel. Falando de Abraão, o anjo conta a Moisés, parafraseando a história de Jó, que foi "o Príncipe Mastema" quem procurou Deus dizendo-lhe: "Eis, Abraão ama seu filho Isaac e se compraz mais que tudo. Pede-lhe para que o ofereça em sacrifício no altar, e verás se executa esta ordem e saberás se ele é fiel em tudo aquilo que é provado" (17,16). O momento da prova é descrito como uma sala de tribunal, com a presença do juiz (Deus) e dos dois advogados de defesa e de acusação: "Eu[8] estava diante dele (Abraão) e diante do Príncipe Mas-

---

[8] Para Sacchi, trata-se do Anjo da presença: uma hipóstase divina através da qual Deus defende Abrão da ação de Mastema (SACCHI, *Apocrifi dell'Antico Testamento,* v. II, p. 201, nota 9).

tema, e o Senhor disse [...]" (18,9). O sucesso da prova de Abraão tem como conseqüência a vergonha de Mastema: "O tirano Mastema ficou envergonhado" (18,12).

Nesses textos, o Anjo da Presença tem claramente uma função judicial.

Sumo Sacerdote. Em outros textos, Miguel parece assumir funções sacerdotais. É o caso do Testamento de Levi. Na volta à terra, depois da viagem aos céus, Levi pede ao Anjo que o acompanhou para revelar-lhe seu nome. Assim responde o Anjo: "Eu sou aquele Anjo que intercede pelo povo de Israel, para que não seja completamente aniquilado" (5,3). É bastante provável que esse Anjo seja Miguel, o grande defensor e protetor do povo e que agora se torna também intercessor. Encontramos a mesma idéia nas últimas palavras de Dan aos seus filhos, no Testamento de Dan:

> Assim, meus filhos, temei o Senhor! E guardai-vos de Satã e dos seus espíritos! E aproximai-vos de Deus e do seu Anjo intercessor! Ele é o intermediário entre Deus e os homens. E a bem da paz de Israel, ele enfrenta o reino do Inimigo. O Inimigo recorre a todas as forças para fazer com que caiam os que invocam o Senhor. Ele sabe que o reino do Inimigo cessará no dia em que Israel fizer penitência. O Anjo da paz fortalece Israel, para que não venha a cair na pior desgraça. E mesmo Israel continuando na impiedade, ainda assim o Senhor não o abandona; o Anjo convertê-lo-á num povo que cumprirá a sua vontade; assim, nenhum Anjo se lhe compara. O seu nome estará presente em todos os lugares de Israel, bem como entre os pagãos (6,1-2).

Esse texto reafirma o papel de intercessor do Anjo padroeiro, acrescentando que ele é mediador entre Deus e os homens, título típico do Sumo Sacerdote, cuja função é converter o povo de seus erros.

No Apocalipse dos Animais do 1 Enoque, quando se descreve o comportamento dos pastores não comprometidos com as ovelhas (Israel), diz-se que Miguel[9] "anotava cada ovelha que era destruída por aqueles pastores e, dia após dia, punha e mostrava tudo no seu livro ao Senhor das ovelhas" (89,70). Num determinado momento,

> Quem escrevia o livro (Miguel) o elevou, o mostrou e o leu nas casas do Senhor das ovelhas, e implorou por elas e suplicou, enquanto lhe mostrava todo o operado pelos seus pastores, e testemunhava diante dele contra todos os pastores (89,76).

Em seguida, o mesmo Miguel irá abrir os livros diante do Senhor (90,20-22). O contexto é de julgamento. Mais uma vez, a função sacerdotal é atribuída a Miguel, não só na defesa do povo, como também na intercessão junto de Deus para que ele lhes faça justiça contra seus perseguidores.

Parece que entre os arcanjos, a função de Miguel, após a queda dos Anjos que deram origem aos demônios, esteja ligada ao julgamento e destruição da maldade, da impureza e da violência, para que brotem novamente justiça e retidão (1En 10–11). Além disso, ele "era encarregado da bondade dos homens e do povo" (20,5). Poderíamos afirmar que a função de Miguel tem a ver com a moralidade da terra: por um lado, zelar, defender e interceder pelos justos e retos; e, por outro lado, destruir a injustiça e maldade, com os maldosos. A primeira tarefa está ligada ao contexto judicial, enquanto a segunda tem a ver com o julgamento escatológico e a batalha final. É este o âmbito de atuação da figura de Miguel.

---

[9] Não aparece o nome de Miguel, mas Sacchi interpreta ser ele (SACCHI, *Apocrifi dell'Antico Testamento*, v. I, p. 108, nota 70).

Finalmente, no 3 Baruque, um apócrifo judaico bastante tardio e que pode ser datado entre o final do século I e o século III d.C., a figura de Miguel se torna central. Deus age através da intermediação dos anjos, responsáveis pelas recompensas ou punições (caps. 11–16). Alguns cuidam do jardim do Éden e da criação, enquanto outros apresentam cotidianamente o resumo das atividades do homem a Miguel, seu chefe e comandante. Em seguida, Miguel recebe deles as boas obras e as orações dos homens e as leva ao templo, num céu superior, para oferecê-las no altar (esse templo celeste é mencionado também no Testamento de Levi 5,1). Ele também tem as chaves do Reino de Deus ou dos céus (11,2). Por essa posição de relevo, Miguel é cultuado pelos anjos inferiores: quando ele chega, descendo ao quinto céu, o anjo que acompanha Baruque vai ao seu encontro e se prostra diante dele (11,6), que também é chamado de "o Glorioso" (13,4). Nesses textos posteriores (11–16), Miguel é sumo sacerdote no templo celeste, único intermediário entre Deus, os anjos supervisores e o homem, e figura divina superior a todos.

Concluindo, a figura de Miguel é de uma densidade única. Sendo responsável pelo povo de Israel que protege, Miguel se torna guerreiro, defendendo-o contra os inimigos; advogado, perorando sua causa no tribunal divino; sacerdote, que intercede e oferece a Deus as preces e as boas obras do povo. Desde o início, a função do Arcanjo está ligada à questão moral: preservar e até perdoar o povo da maldade e da corrupção. Por ser tão importante para o povo, ele é considerado o mediador entre os homens e Deus. Nesse sentido, a tentação de cultuar o Anjo Miguel (Ap 19,10), nos textos tardios, é a afirmação da importância que ele tinha no imaginário popular.

4.2 O Filho do Homem

A expressão *"Filho do Homem"* ou *"Filho da Humanidade"* (*bar-nāshā*) aparece em Daniel, mesmo que anteriormente encontremos o mesmo termo em Nm 23,19; Is 51,12; 56,2; Jr 50,40; 51,43; Sl 80,17; 144,3.

a) O livro de *Daniel* insere a misteriosa figura do *Filho do Homem* no contexto do julgamento celeste dos quatro animais, que representam os quatro reinos:

> Eu continuava contemplando, quando foram preparados alguns tronos e um Ancião sentou-se. Suas vestes eram brancas como a neve; e os cabelos de sua cabeça, alvos como a lã. Seu trono eram chamas de fogo com rodas de fogo ardente; um rio de fogo corria, irrompendo diante dele. Mil milhares o serviam, e miríades de miríades o assistiam. O tribunal tomou assento e os livros foram abertos (7,9-10).

Para Daniel, trata-se da instalação do tribunal divino. A abertura dos livros, na linguagem apocalíptica, refere-se aos livros celestes, chamados também de tábuas, onde estão escritas as ações humanas. É o começo do julgamento, em que os animais são julgados e deles é tirado o poder (vv. 11-12). É nesse contexto que entra em cena o Filho do Homem:

> Eu continuava contemplando nas minhas visões noturnas, quando notei, vindo sobre as nuvens do céu, *um como Filho do Homem*. Ele adiantou-se até o Ancião e foi introduzido à sua presença. A ele foi outorgado o império, a honra e o reino, e todos os povos, nações e línguas o serviam. Seu império é um império eterno que jamais passará, e seu reino jamais será destruído (7,13-14).

O que chama a atenção na expressão *um como Filho do Homem* é o "como". Ele parece estar relacionado ao começo da visão do capítulo 7, quando Daniel vê os animais: um "como" um leão, outro "como" um urso e outro "como" um leopardo. A linguagem é claramente simbólica. A questão é saber se *um como Filho do Homem* se refere a um homem elevado à esfera celeste, ou a um ser celestial que aparece em forma humana. Na interpretação mais antiga, trata-se de uma figura tipológica, um símbolo coletivo do povo de Israel, ou dos santos, assim como os animais representavam os inimigos de Israel. As imagens do Ancião e do "vir sobre as nuvens" relembram a mitologia cananéia do II milênio a.C., nas figuras de El, pai dos deuses (o Ancião), e de Baal, deus da tempestade e da chuva (o que vem nas nuvens); e o mito babilônico de Marduk em conflito com Tiamat (a descrição do monstro, a subida do mar e os quatro ventos). Tal atributo divino é posteriormente relacionado também a Jahvé para destacar seu poder diante dos deuses: "Montado em uma nuvem veloz, vai ao Egito. Os deuses do Egito tremem diante dele e o coração dos egípcios se derrete no seu peito" (Is 19,1 e Sl 104,3). No v. 14, há uma cena de entronização: o Filho do Homem é introduzido à presença do Ancião e a ele é dado o poder sobre todas as nações, e todos o serviam. O poder que já fora dos animais e dos impérios terrenos é agora entregue a ele. Por trás, há a idéia de um ser celestial vindouro que, em sua ação escatológica, irá derrotar os inimigos de Deus e instaurar o reinado eterno de Deus. É provável que a figura do Filho do Homem adquira aqui um sentido messiânico, de libertador escatológico, não na linha do messianismo real-davídico, mas como indivíduo celestial, anjo, que pode até ser identificado com o arcanjo Miguel, cuja espera como salvador é bem atestada na literatura intertestamentária e nos Rolos do Mar Morto (p. ex. em: 1QM 17,6-8).

b) Uma mais recente evidência da tradição do Filho do Homem está no Livro das Similitudes de Enoque[10] (1En 37–71), livro que mostra muitas afinidades com os evangelhos, sobretudo em relação aos títulos messiânicos de *Filho do Homem* e de *Eleito*. Nele, há uma clara alusão ao Filho do Homem:

> Lá eu vi um que tinha uma Cabeça dos Dias, e esta era branca como a lã; e junto dele havia um outro, *cujo aspecto era de um homem*, o seu rosto era cheio de graça, semelhante ao de um anjo santo. Perguntei ao anjo que me acompanhava e que me revelava todos os segredos, quem era aquele *Filho do Homem*, de onde procedia, e por que estava com Aquele que tem uma cabeça grisalha. Deu-me como resposta: "Este é *o Filho do Homem*, o detentor da justiça, que com ela mora e que revela todos os tesouros secretos; pois ele foi escolhido pelo Senhor dos Espíritos, e o seu destino excede a tudo em retidão diante do Senhor dos Espíritos, por toda a eternidade. Esse *Filho do Homem*, que viste, faz os reis e os poderosos se erguerem de suas camas e aos fortes abala nos seus tronos; dissolve o comando dos fortes e tritura os dentes dos pecadores" (1En 46,1-4).

A afirmação: *cujo aspecto era de um homem* não é um título, mas uma simples maneira de se referir a alguém cuja aparência é como de homem; pode se referir também ao "Escolhido" ou ao "Justo". Dele se diz também que é "como um dos santos anjos" (46,2). Anjos são muitas vezes descritos em forma humana na literatura apocalíptica (Dn 8,15; 9,21; 10,5.18; 12,6-7). Enquanto o Filho do Homem é distinto dos outros anjos (Miguel em 60,4-5; 69,14; 71,3;

---

[10] Faz parte do 1 Enoque, compreendendo os caps. 37–71 e cuja composição deve ser anterior a 63 a.C.

os quatro Arcanjos em 71,8.9.13) e sua dignidade parece mais alta que a deles. Sua descrição depende claramente de Dn 7,13-14, e aqui como lá está relacionado à justiça e ao domínio. Assemelha-se à figura do juiz escatológico que vem para derrubar os poderosos da terra e restabelecer o domínio eterno de Deus. Como em Daniel, são abertos os livros da vida e é realizado o julgamento. O contexto do aparecimento do Filho do Homem é judicial:

> Naqueles dias eu vi como o Ancião assentou-se sobre o trono da sua glória, e diante dele foram abertos os livros dos vivos, e todo o seu exército, aquele que está no alto dos céus e aquele ao redor dele, prostrou-se na sua presença. O coração dos santos exultava de alegria porque foi trazido o número dos justos, porque foi ouvida a sua oração e porque o seu sangue foi vingado diante do Senhor dos Espíritos (1En 47,3).

No final do Livro das Similitudes, o *Filho do Homem* é identificado com o próprio Enoque, que em 1En 71,14, subindo aos céus, é assim cumprimentado por um anjo: "Você é *o* Filho do Homem nascido para a justiça e a justiça morou em ti e a justiça do Ancião nunca te abandonará". Temos aqui um sério problema textual e de interpretação do texto, pois o final do Livro das Similitudes é marcado pelo relato em primeira pessoa, que sugere uma clara distinção entre Enoque e a figura do Filho do Homem, e pela afirmação da preexistência do Filho do Homem (1En 48,3). Para Collins, isso se justifica pelo fato de haver duas figuras de *Filho do Homem*: uma celestial, preexistente, divina, sobrenatural; outra, na terra, paralela e afim à celeste, e identificável com a figura de Enoque, como o Justo entre os seres humanos.

O Enoque terrestre

é um ser humano semelhante ao Filho do Homem celestial, e é exaltado a ponto de partilhar o mesmo destino. Segundo 1En 62,14 e 71,17, outros seres humanos justos também poderão gozar a eternidade dos dias com aquele Filho do Homem. Enoque é o primeiro entre os justos nascidos na terra. Mas ele deve ser distinto de sua contraparte celestial (COLLINS, 1995: 181).

Por fim, o Filho do Homem é cultuado como uma divindade, quando "todos os que vivem na terra cairão e se prostrarão diante dele e proclamarão salmos por ele ao nome do Senhor dos Espíritos" (1En 48,5).

Concluindo: as Similitudes de Enoque revelam uma dependência de Daniel, como também uma evolução da tradição do Filho do Homem para uma mais clara figura de salvador celestial, preexistente. A tradição vai, aos poucos, levando a interpretação do Filho do Homem na linha do Messias escatológico.

c) Outro texto que reflete Dn 7 é 4 Esdras, um apocalipse judaico do final do século I d.C.:

> Após sete dias, aconteceu de, à noite, ter um sonho; eis que vi, se levantando do mar, um forte vento que agitava todas as suas ondas; olhei e eis que o vento fez subir do fundo do mar *algo parecido a um homem*; olhei e eis que aquele homem voava junto às nuvens do céu: onde sua face se virava para olhar, tremia tudo o que estava sob seu olhar; de onde saía a voz de sua boca se fundiam todos os que a ouviam, como se liquefaz a cera quando sente o fogo (13,1-4).

A dependência de Dn 7 é bastante clara e comprovada pela afirmação de 12,11: "A águia que viste subir do mar é o quarto reino aparecido em visão a teu irmão Daniel". Nessa visão, o Filho do Homem de Daniel já se tornou o Messias escatológico. Parece que a idéia do advento do Messias se afirma com força no limiar das duas eras como junção de duas tradições: a do primeiro homem e a do protótipo de rei. No 4 Esdras, e de modo especial no capítulo 13, encontramos uma das mais marcantes descrições da figura do Messias, definido com vários títulos: "Messias" (12,32), "o meu Servo" (13,32.37.52: há aqui uma clara alusão a Is 48,4 e 49,6), "o meu servo, o Messias" (7,28-29), "Homem" (13,3: "algo parecido a um homem", vv. 5.12.25.32). Parece que o "homem" de 13,1 é uma clara reminiscência do Filho do Homem de Dn 7. Ele ainda é o juiz escatológico, que "acusará de impiedade os povos que se reuniram [...] e os destruirá sem problemas com a lei" (13,37-38; 12,31-33 e 11,38-46). O motivo do julgamento está presente no capítulo 12, nas imagens do leão, que representa o descendente judaico, e da águia, simbolizando Roma:

> O leão que viu acordar na selva, rugir e falar à águia acusando-a pela sua injustiça, e tudo o que ele falou, assim como você o ouviu, é o Messias, que o Altíssimo conservou para o fim dos dias, que saiu da descendência de Davi e que virá falar com eles, os acusará pelas suas impiedades e os introduzirá diante de suas transgressões. De fato, decidirá antes de submetê-los vivos ao seu julgamento e depois, uma vez acusados, os destruirá (12,31-33).

A cena e a figura messiânica são as mesmas que aparecem no capítulo 13. Mas é no capítulo 13 que o Filho do Homem é claramente descrito como Messias: ele é um guerreiro que destrói seus inimigos com o fogo de sua boca, combatendo e vencendo do alto do monte Sião (13,25-36). Tal visão do Filho do Homem é memória de uma teofania do guerreiro divino. Quem ouve sua voz se derrete diante dele, assim como as montanhas derretem diante de Deus (Sl 97,5; 18,14; 29; 144; Ex 19,16ss; Hab 3; Jó 38). Ele exerce um papel muito mais ativo no julgamento e destruição dos maus do que a figura de Dn 7, fato que leva a pensar numa maior dependência dos tradicionais motivos messiânicos que de Dn 7.

Se nas Similitudes de Enoque o Filho do Homem aparece como um juiz entronizado no seu trono glorioso no céu e preexistente, em 4Esd 13 ele é um guerreiro divino, o Messias, que toma posição na montanha e restaura Israel e Sião, mas não um juiz dos últimos dias.

d) Concluindo, podemos resumir alguns elementos comuns entre Dn 7, 1En 37–71 e 4Esd 13:

- *um como Filho de Homem*: trata-se de uma figura individual e não de um símbolo coletivo, que parece ser mais tardio;

- o Filho do Homem de Daniel é, nos textos posterio-res, geralmente identificado com o Messias, mesmo que nas Similitudes esse título tenha ainda menor importância;

- entre o final do século I e o começo do século II d.C., há um debate crescente sobre a interpretação da visão do Filho do Homem de Daniel, como ser individual celeste, divino e preexistente: "ele é Aquele que o Altíssimo guarda há tanto tempo" (4Esd 13,26). Em Daniel, isso aparece na referência às nuvens que lembram a divindade; nas Similitudes à entronização gloriosa; e no 4 Esdras, na teofania do guerreiro divino;

- todas tais figuras exercem uma função fundamental na destruição do mal explicitado em Daniel;

- parece bastante claro que tanto as Similitudes como o 4 Esdras fazem referência e reinterpretam no contexto do século I o texto de Dn 7, sendo produtos talvez de grupos diferentes que não dependem um do outro, e revelam o desenvolvimento posterior da tradição do Filho do Homem.

Nos escritos do século I d.C. existe a tendência de combinar a tradição do Messias davídico com as expectativas do salvador celestial. O Filho do Homem de Daniel é reinterpretado como figura celestial, nas Similitudes, ou como Messias que restaura, na terra, Israel, no 4 Esdras. O Messias vai adquirindo características celestiais e transcendentes. Assim, pode-se falar em expectativas messiânicas que se manifestam com tonalidades e cores diferentes, pois não há nenhum conceito de Filho do Homem, mas uma variedade de usos da imagem do Filho do Homem.

O título Filho do Homem é bastante presente na Fonte Q e em escritos cristãos do Novo Testamento,[11] onde parece ser o único título aplicado por Jesus a si mesmo. Observa-se que inicialmente nos círculos cristãos a visão de Daniel foi interpretada escatologicamente, o Filho do Homem era visto como uma figura do juízo final. Mas, no fim do século I, há um novo aumento de interesse pela figura de Dn 7, e especificamente no Filho do Homem (ou homem) como ser celestial preexistente.

---

[11] Na Fonte Q, o título *Filho do Homem* está em: 6,22; 7,34; 9,58; 11,30; 12,8.10.40; 17,24.30; em Marcos: 14,62; em Mateus: 16,27-28; 19,28; 25,31; 26,64; em Lucas: 21,34; At 7,56; em Apocalipse: 1,7.13-14; 14,14-15; outros textos com prováveis alusões são: Mt 10,23; 28,18; Mc 2,10; 8,38; Jo 5,27; texto questionável: Lc 18,8.

4.3 Melquisedec

Outra tradição angelomórfica, de superanjo guerreiro, praticamente desconhecida até a descoberta dos documentos do Mar Morto, é a de Melquisedec.

No Antigo Testamento, há duas importantes referências à figura de Melquisedec:

- em Gn 14,17-24, Melquisedec aparece como "rei de Salém" e "sacerdote do Deus altíssimo" (*El 'Elyhon*), oferecendo a Abraão pão e vinho e pronunciando sobre ele uma bênção. Pelo nome, devia tratar-se de um rei pré-israelita da cidade de Salém, posteriormente chamada de Jerusalém. *'El* e *'Elyhon* parecem ter sido duas divindades fenícias do segundo milênio a.C., que posteriormente se tornaram títulos de Jahvé (Sl 78,35). Segundo Josefo, Melquisedec foi

  um chefe dos cananeus, cujo nome na sua língua significava *rei justo*, e tal ele era. Por isso foi o primeiro sacerdote do deus, e tendo sido o primeiro a construir o templo, mudou em *Jerusalém* o nome da cidade que antes se chamava *Salém* (Guer.Jud., VI, 438; Ant.Jud., I,181);

- no Sl 110, um salmo de entronização real que celebra a vitória ou conquista de um descendente davídico, do qual se diz que será "sacerdote para sempre segundo a ordem de Melquisedec". Para alguns estudiosos se refere à entronização de Davi em Jerusalém (vv. 1-3.5-7) e à confirmação do sacerdócio sadoquita (v. 4). O problema é que esse salmo quer justificar a pretensão sacerdotal de um rei, atribuindo as funções de rei e de sacerdote a uma única pessoa, enquanto na prática de Israel o sacerdócio ficou sempre distinto da realeza, sendo por herança da tribo de Levi. Só no período macabaico o sumo sacerdote Simão assumiu a atribuição de rei de Israel. Isso leva alguns estudiosos a datarem o Sl 110 da metade do século II a.C.; para outros, o autor está olhando para a frente, para o futuro Messias que reunirá na sua pessoa as duas funções.

Será sobretudo na literatura intertestamentária que a figura de Melquisedec adquirirá novos traços, dando origem a uma tradição extremamente interessante. Nos Manuscritos de Qumran, há referências a Melquisedec no Apócrifo do Gênesis (1QapGn 22,12-18), que comenta o episódio de Gn 14; e, mesmo que a reconstrução seja difícil, aparece duas vezes também no Cântico do Sacrifício Sabático, sendo ele apresentado na sua função sacerdotal e como anjo.

Numa outra tradição, em contexto de maldição, aparece o nome de *Melkiresha*, como o oponente talvez de Melquisedec: "Maldito sejas tu, *Melkiresha*, em todos os desígnios de tua inclinação culpável. Que te faça Deus um objeto de horror por mão dos vingadores de vingança [...]" (4Q 280). Tais maldições estariam presentes também na Regra da Comunidade (1QS 2,5.7) e na regra da Guerra (1QM 13,4-6), favorecendo uma identificação de *Melkiresha* com Belial.

Mas é num fragmento de Qumran, 11QMelch 13, que Melquisedec desponta como figura central. Trata-se de um texto muito fragmentário, em três colunas, um *Pesher* (comentário interpretativo) cuja datação foi colocada na primeira metade do século I a.C. Três grandes temas perpassam o texto: a expiação ligada ao último jubileu (vv. 1-9a); Melquisedec como agente da libertação escatológica (vv. 9b-15a); Melquisedec como figura divina (vv. 15b-25).

a) O último jubileu e a expiação (vv. 1-9a)[12]

Coluna II "1. [...] teu Deus ... 2. [...] E o que diz: Neste ano de jubileu [voltareis cada qual à sua respectiva propriedade, como está escrito: 'Esta é] 3. a maneira (de fazer) [a remissão: todo credor fará remissão do que tiver emprestado [ao seu próximo. Não premerá ao seu próximo nem o seu irmão quando se tiver proclamado] a remissão 4. para Deus'. [Sua inter]pretação para os últimos dias se refere aos cativos, dos quais diz: 'Para proclamar aos cativos a libertação'. E fará prisioneiros 5. os seus rebeldes [...] e da herança de Melqu]isedec, pois [...] e eles são a heran[ça de Melqui]sedec, que 6. os fará retornar a eles. Ele proclamará para eles a libertação para libertá-los d[a dívida] de todas as suas iniqüidades. E isto suce[derá] 7. na semana primeira do jubileu que segue os no[ve] jubileus. E o dia [das expiaçõ]es é o final do jubileu décimo 8. no qual se expiará por todos os filhos de [Deus] e pelos homens do lote de Melquisedec. [E nas alturas] ele se pronun[ciará a seu] favor segundo o seu lote; pois 9. é o tempo do 'ano da graça' para Melquisedec, para exal[tar no pro]cesso os santos de Deus pelo domínio do juízo".

Esse texto tem como pano de fundo o ano jubilar de Lv 25 e a remissão das dívidas de Dt 15,2. Melquisedec aparece como o agente do julgamento divino que resgata os que estavam presos. Este julgamento acontecerá nos últimos dias: pela periodização da história típica da literatura apocalíptica, o décimo jubileu, o último, corresponde à décima semana na divisão de dez semanas da Epístola de Enoque.[13]

---

[12] Tradução de: GARCIA MARTINEZ, *Textos de Qumran*, pp. 180-181.

[13] É a parte final do conjunto de cinco livros que compõem o 1 Enoque. Compreende os caps. 91–104 e é datada de meados do século I a.C.

Nessa décima semana "acontecerá o julgamento eterno e ele será feito pelos anjos vigilantes"[14] (1En 91,12-17; 93). Mas o décimo jubileu pode corresponder também "à reunião da diáspora". Em outras palavras, parece se referir aos 490 anos, ou às 70 semanas de Dn 9,24-27. É chamado de ano da remissão proclamado pelo Senhor (linhas 3 e 4) ou libertação (Is 61,1), o tempo no qual o exílio chega ao fim e o povo da diáspora volta para casa, sendo descrito como o último e décimo ano do jubileu (linha 7). Com o julgamento acontece a expiação da iniqüidade, tarefa típica do sumo sacerdote no dia escatológico da expiação, referente ao sacerdócio terreno (Apócrifo de Levi, 4Q 541 9,I,2), mas aplicada ao sumo sacerdote celeste, o "Messias de Aarão", do Documento de Damasco 14,19. Além de juiz escatológico, Melquisedec é aqui descrito como *salvador* da "herança de Melquisedec" (os fiéis), *Messias* que com sua ação inaugura o ano da graça jubilar (Is 61,1-2a) e o dia da paz eterna (v. 16).

b) Melquisedec x Belial (vv. 9b-15a)

> Como está escrito 10. sobre ele nos cânticos de Davi que diz: "Elohim se ergue na assem[bléia de Deus], em meio aos deuses julga". E sobre ele diz: "Sobre ela 11. retorna às alturas, Deus julgará os povos". E o que di[z: "Até quando jul]gareis injustamente e guardareis consideração aos malvados. Selah". 12. Sua interpretação concerne a Belial e aos espíritos de seu lote, que foram rebeldes [todos eles] apartando-se dos mandamentos de Deus [para cometer o mal]. 13. Porém Melquisedec executará a vingança dos juízos de Deus [nesse dia, e eles serão libertados das mãos]

---

[14] É a tradução literal, mas Sacchi propõe que se deveria ler "sobre os anjos vigilantes" que pecaram com as filhas dos homens (Gn 6,1-4 e 1En 8–9) (SACCHI, *Apocrifi dell'Antico Testamento*, v. 1, p. 222, nota 12).

de Belial e das mãos de todos os es[píritos de seu lote]. 14. Em sua ajuda (virão) todos "os deuses de [justiça"; ele] é que[m prevalecerá nesse dia sobre] todos os filhos de Deus, ele pre[sidirá a assembléia] 15. esta.

À libertação dos cativos corresponde o julgamento de Belial. Aqui Melquisedec é apresentado como o agente do julgamento divino, uma figura claramente divina e transcendente, pelos títulos *elohim* usado em relação aos anjos (v. 10) e *Rei da justiça* relacionado a Deus, sem nunca, porém, aparecer o tetragrama sagrado. Já se afirmou que Melquisedec representaria uma hipóstase de Deus,[15] mas ele é distinto de Deus por "executar a vingança dos juízos de Deus" (v. 13). Portanto,

se Melquisedec em 11Qmelch não é nem Deus nem uma hipóstase divina, certamente é uma personagem celeste excelsa. O texto lhe atribui o domínio sobre os exércitos celestes; ele é o chefe de todos os anjos (os *elohim*) e de todos os filhos de Deus. Além disso, é ele quem conduz a batalha contra Belial e os espíritos de seu lote, e quem executa a vingança divina contra eles" (GARCIA MARTINEZ, 2000: 73).

A função de Melquisedec, libertador celestial e chefe das hostes celestiais, é claramente paralela à do arcanjo Miguel[16] mesmo que eles não sejam identificados explicitamente, ou à do Filho do Homem, do 1 Enoque, que virá para julgar. Esse *elohim* se ergue no meio da assembléia divina

---

[15] MILIK, *Milkî-sedeq et Milkî-resha' dans les anciens écrits juifs et chretiens*, p. 125: "Melquisedec é por conseqüência algo mais do que um anjo, ou o chefe dos espíritos bons, identificável a Miguel. Ele é na realidade uma hipóstase de Deus, dito em outros termos, o Deus transcendente que age no mundo, Deus mesmo sob forma visível onde ele aparece aos homens, e não um anjo distinto de Deus (Ex 23,20)".

[16] Textos paralelos são: 1QM 13,9-12; 17,5-9.

(Sl 82,1-2), expressando sua realeza sobre os seres celestes e julgando outros *elohim* (no plural): pode-se referir a Belial e ao seu lote.

Portanto, ao Melquisedec desse trecho de 11Qmelch se atribuem as funções divinas de juiz celeste e executor da sentença e da vingança divinas (v. 13), em oposição ao lote de Belial.

c) Melquisedec como figura divina (vv. 15b-25)

> Este é o dia d[a paz, do qual] falou [Deus desde antigamente pelas palavras de Isa[ías, o profeta, que disse: "Que] belos são 16. sobre os montes os pés do proclamador que anuncia a paz, do pro[clamador do bem que anuncia a salvação,] dizendo a Sião: 'Teu Deus [reina'"] 17. Sua interpretação: Os montes são os profe[tas...] 19. E o proclamador é [o un]gido do espírito do qual falou Da[niel..., e o proclamador do] 19. bem que anuncia a salva[ção é aquele do qual está escrito que [ele o enviará "para consolar os aflitos, para vigiar sobre os aflitos de Sião".] 20. "Para conso[lar os aflitos", sua interpretação:] para instruí-los em todos os tempos do mun[do...] 21. em verdade. [...] ela foi apartada de Belial e ela [...] 23. [...] nos juízos de Deus como está escrito sobre ele: "Dizendo a Sião; 'teu Deus reina'". ["Si]ão", é 24. [a congregação de todos os filhos de justiça, os] que estabeleceram a aliança, os que evitaram andar [pelo ca]minho do povo. "Teu Deus", é 25. [... Melquisedec, que os livra]rá da mão de Belial. E o que diz: "Farei soar o chi[fre em todo o país".

A destruição dos poderes antagônicos (Belial e seu lote) inaugura o tempo da paz escatológica, que é proclamada por "um ungido", figura messiânica paralela a Is 52,7 e Dn 9,26. Nas linhas 24-25, Melquisedec é proclamado rei, "rei da justiça", segundo o significado literal do nome: *Melqui sedeq*. Após derrotar Belial e livrar os justos, Melquisedec inaugura o reino escatológico de paz e justiça.

Em época posterior, no Livro dos Secretos de Enoque, datado provavelmente entre 30 a.c. e 70 d.C., Melquisedec já é considerado da linhagem de Enoque: é filho de Nir (personagem desconhecida nas tradições judaicas), filho de Matusalém, filho de Enoque (2En 69–73). Ele teria nascido de uma concepção virginal, do cadáver de sua mãe, Sofonim, esposa de Nir. Ao nascer, tinha o selo sacerdotal no seu peito, comia e falava como um adulto. E foi escondido num lugar secreto até o tempo favorável, pois o povo tornara-se mal e podia atentar contra a vida da criança. Sua função teria sido a de santificar e salvar o povo da maldade. Por isso o arcanjo Miguel desceu e levou a criança ao paraíso do Éden. E o Senhor proclamou solenemente: "Não perecerá com aqueles que devem perecer e eu o mostrei e será meu sacerdote dos sacerdotes nos séculos Melquisedec, e o transformarei num grande povo que me santificará" (71,29). A tradição confirma Melquisedec como ser divino, salvador e santificador.

Portanto, 11 QMelch apresenta uma figura angelical, divina (*elohim*), cujas funções são: sacerdote escatológico que realiza, no final dos tempos (décimo jubileu), a libertação; agente da expiação pelo julgamento e condenação de Belial; instaurador do reino da justiça e paz, sendo por isso chamado de "rei da justiça". A figura de Melquisedec, na literatura de Qumran, reúne os títulos messiânicos de sacerdote, rei e profeta escatológicos. Sua tradição penetra o NT, firmando-se sobretudo na Carta aos Hebreus, em que o Cristo (já desapareceu a referência à humanidade de Jesus de Nazaré), comparado a Melquisedec, é declarado superior na sua função sacerdotal.

5. Movimentos messiânicos no século I d.C.

As três figuras angelicais analisadas antes: Miguel, o Filho de homem, Melquisedec e talvez a do Príncipe da Luz (1QS 3,20) representam tradições distintas do judaísmo tardio; a grande proximidade e as semelhanças entre elas podem fazer pensar em uma única tradição, em que os nomes diferentes dizem respeito à mesma figura (COLLINS, 1995: 176), como podem ser consideradas expressões diferentes da mesma realidade (GARCIA MARTINEZ, 1995: 178). Testemunham a crença e a expectativa, no tempo de Jesus, na intervenção escatológica de Deus através de figuras divinas, angelicais, que, chefiando os lotes divinos, enfrentariam e derrotariam Satanás e seus lotes para instaurar o reino messiânico.

Historicamente, a Palestina da primeira metade do século I d.C. foi marcada por grande movimentação social, que acabou levando à guerra judaica contra os romanos em 66. A morte de Herodes, o Grande (4 a.C.), cujo reinado se caracterizou pela opressão e pela crueldade, desencadeou uma série de levantes populares e rebeliões, sufocados à força pelas legiões romanas. Geralmente, os rebelados apelavam a expectativas messiânicas. Josefo afirma que tais expectativas se concretizaram ao redor de várias figuras históricas: Simão, um ex-escravo de Herodes, homem bonito e forte, aclamado como rei (Ant.Jud. 17,273); Atrondes, um pastor de grande estatura e força, que se apresentou como "o novo Davi" e chegou a colocar o diadema real em sua cabeça (Ant.Jud. 17,278-280); Judas, filho do lendário chefe bandido Ezequias, que assaltou o palácio real de Séforis, levando as armas que ali encontrou, e aspirava às honras reais (Ant.Jud 271-272). Mais tarde, apareceram outros pretendentes a rei: Menahem (Guer.Jud. 2,433) e Simão Bar Jora, que, já no contexto da grande guerra, recebe dos romanos as honras reais (Guer. Jud. 4,510-575). Possivelmente houve outros pretendentes ao trono. Jesus também pode ter sido visto como um sério candidato à coroa, e mesmo que os evangelhos testemunhem sua recusa (Jo 6,15), em sua entrada triunfal em Jerusalém é aclamado pelo povo com um título messiânico: "o que vem em nome do Senhor" (Mc 11,9), e vem do Monte das Oliveiras, de onde se pensava que chegaria o Messias (Ez 11,23 e Zc 14,3-4), montando um jumento, como os antigos príncipes (Zc 9,9; Gn 49,11; Jz 5,10; 10,4; 12,14). E, na acusação "oficial" de sua crucificação, sua culpa estava na escrita acima da cruz: "o rei dos judeus" (Mc 15,26; Jo 19,19). É muito provável que Jesus, no final de sua vida, tenha tido de se confrontar com tais expectativas messiânicas.

Além dos pretendentes reais, nessa época surgiram várias figuras proféticas, que incitavam o povo a se levantar com base na memória do êxodo: acreditava-se que Deus, como já tinha acontecido antigamente, iria intervir na história para libertar seu povo. Isso se justificava na expectativa da volta de um novo Moisés, contida na afirmação profética atribuída ao próprio Moisés em Dt 18,15: "Jahvé teu Deus suscitará um profeta como eu no meio de ti, dentre os teus irmãos, e vós o ouvireis"; ou da volta próxima do profeta Elias: "eis que vos enviarei Elias, o profeta, antes que chegue o dia de Jahvé, grande e terrível" (Ml 3,23). Por isso, são justamente Moisés e Elias que aparecem conversando com Jesus no episódio da transfiguração (Mc 9,4), confirmando que o próprio Jesus seria o profeta anunciado e esperado para os últimos tempos. Josefo testemunha o aparecimento de várias figuras proféticas no tempo de Jesus, todas evidenciando traços escatológico-apocalípticos: João Batista (27 d.C.), que prega um batismo de conversão dos pecados no Jordão, é decapitado na fortaleza de Maqueronte por Herodes Antipa, preocupado com que a liderança de João pudesse originar uma revolta popular (Ant.Jud. 18,118).[17] Teudas é outro profeta, um charlatão, na afirmação de Josefo, que apareceu por volta de 45-46 e "persuadiu muitas pessoas do povo simples a tomar seus haveres e acompanhá-lo até o rio Jordão. Dizia que era profeta e que à sua ordem o rio se separaria, abrindo fácil passagem para eles" (Ant.Jud. 20,97-98; At 5,36): acabou num banho de sangue! Na Samaria, outro profeta, "um mentiroso", nas palavras de Josefo, reuniu o povo no monte Garizim, para lhe mostrar os vasos sagrados ali escondidos por Moisés. O povo foi para lá armado, mas foi antecipado pela cavalaria de Pilatos, que os massacrou, por volta de 35 d.C. (Ant.Jud. 18,85-87). No ano 50, chegou em Jerusalém, vindo do Egito, outro profeta que convocou o povo no Monte das Oliveiras. Ele "afirmava que de lá queria demonstrar como, ao seu comando, teriam caído as muralhas de Jerusalém, e através delas teria aberto para eles uma passagem para a cidade" (Ant.Jud. 20,169-172; Guer.Jud. 2,261-263; At 21,38). A referência à conquista de Jericó (Js 6) é evidente. Quatrocentas pessoas foram mortas! Por volta do ano 60, um profeta anônimo seduziu o povo a segui-lo no deserto, prometendo a salvação, mas ele também foi eliminado (Ant.Jud. 20,188). Por fim, entre 62-69, certo Jesus, filho de Ananias, um simples camponês, percorreu por sete anos e cinco meses Jerusalém lamentando e predizendo, sem nunca parar, sua destruição: "uma voz no oriente, uma voz do ocidente, uma voz dos

---

[17] Segundo o conhecido relato de Mc 6,17-29, João foi executado por ter criticado o casamento de Herodes com a mulher de seu irmão, Herodíades. Pode ser que as duas interpretações sejam históricas, pois a morte de João é relacionada por Josefo à derrota militar contra o rei nabateu Aretas, sendo que a origem da briga foi a separação de Herodes da filha do nabateu para casar com Herodíades (Ant.Jud. 18,109).

quatro ventos, uma voz contra Jerusalém e o templo, uma voz contra esposos e esposas, uma voz contra todo o povo". Sua ação foi considerada sobrenatural (Guer.Jud. 6,300-309).

Nesse contexto, Jesus teve de se confrontar também com as expectativas proféticas do seu tempo: João Batista mandou perguntar-lhe: "És tu aquele que há de vir, ou devemos esperar um outro?" (Lc 7,19). E como resposta, os evangelhos lembram que Jesus realizou uma série de milagres messiânicos, relacionados à libertação dos pobres (Is 35,5-7; 61,1-3). No entendimento do povo judaico, Jesus era um profeta (Mc 6,15), "um grande profeta" através do qual Deus visitou seu povo (Lc 7,16); e que morre também como profeta (Mt 27,45-50).

6. Jesus e a origem da cristologia

Diante de tudo o que analisamos até aqui, fica a grande pergunta: o que é que justifica o fato de Jesus ter sido considerado um profeta, o Messias esperado? E mais ainda: Filho de Deus?

Acreditamos ter sido fundamental a junção das tradições dos anjos combatentes com a figura histórico-terrena de Jesus. Alguns elementos justificam essa proximidade:

a) seus *milagres e exorcismos*. Jesus foi, pelo que os evangelhos testemunham, o maior "homem divino" (*theiós anēr*) do seu tempo: ele realizou 6 exorcismos, 17 curas e 8 "milagres da natureza", havendo mais de 200 referências à atividade milagrosa de Jesus. Se compararmos, Moisés tem 124; Eliseu, 38; Apolônio de Tiana, um contemporâneo de Jesus, 107 (SCHIAVO & SILVA, 2000: 91). Para alguns estudiosos, os milagres foram acrescentados posteriormente, para justificar a pretensão divina de Jesus (CROSSAN, 1994: 347), mas podem ter tido também um núcleo histórico[18] que incomodava bastante os cristãos das gerações sucessivas, ao ponto de

> João reduzir o número de milagres e Mateus e Lucas eliminar os sinais de significado psíquico que Marcos, com pouca cautela, tinha preservado (7,33s; 8,23s). Não podem eliminar a pretensão de ser Filho de Deus, mas o revelam só no final de sua vida (SMITH, 1978: 92).

É evidente que o título cristológico "Filho de Deus" está relacionado à atividade taumatúrgica de Jesus. O poder de Jesus sobre os demônios e a doença, causada por espíritos impuros, devia ser o que mais chamava a atenção dos contemporâneos de Jesus, bem como o poder magnetizante de sua pregação.[19] Por causa disso, concluía-se que ele era um grande profeta (Lc 7,16). Esses eram os sinais messiânicos que revelavam a chegada do esperado para os últimos tempos (Lc 7,18-23), na linha da profecia de Is 35 e 61, que Jesus assume e aplica à sua pessoa no discurso inaugural na sinagoga de Nazaré (Lc 4,16-22). Os atos extraordinários atribuídos a Jesus representam, portanto, um interessante elemento na revelação de sua natureza divina, um verdadeiro "gancho" que o liga à tradição messiânica judaica.

b) A *comparação com Elias*. Também era inevitável que tais milagres levassem o povo da Galiléia a comparar Jesus com Elias (ou Eliseu):

---

[18] É a posição de Meier que, depois de ter analisado os relatos de milagre de Jesus, conclui que, sendo "a múltipla confirmação tão maciça e a coerência tão impressionante, não há motivo para que a tradição dos milagres do ministério público de Jesus seja rejeitada *in toto* como não histórica" (1998: 152). Em outras palavras: "onde há fumaça, deve haver carne!".

[19] Para aprofundar este tema, ver SCHIAVO & SILVA, *Jesus milagreiro e exorcista*.

De Malaquias, passando por Ben Sira, até o NT e mais adiante na literatura rabínica, Elias era o profeta escatológico por excelência, o profeta cujo retorno do céu (para onde havia sido alçado em uma carruagem de fogo) assinalaria os últimos dias, a reunificação e a purificação de Israel, a solução de todas as questões legais e a chegada de Deus para reinar em todo o seu poder (MEIER, 1993: 624).

Os maiores realizadores de sinais, operados com a força de Deus, foram, no Antigo Testamento, Elias e Eliseu, profetas do norte (1Rs 17–2Rs 6). Jesus faz alguns milagres que são relatados nos ciclos de Elias e Eliseu: multiplica os pães, ressuscita os mortos, cura os doentes. Tais semelhanças fazem pensar num *midrash*: como Elias e Eliseu, Jesus é profeta e taumaturgo, opera no norte, e como eles (1Rs 18) enfrenta a religiosidade oficial (segundo a qual só Deus podia curar) e, com suas curas, afirma que o poder de Deus age também fora do templo e das mãos dos sacerdotes. A exemplo dos dois profetas, sua ação não se limitou à purificação da religião, mas foi realmente política (1Rs 21; 2Rs 9): seus milagres representam o repúdio da religião oficial do templo, segundo a qual, mediante a lei da retribuição, a doença estava estritamente ligada ao pecado. Tal teoria é confirmada por Theissen, quando afirma que "no movimento de Jesus, as curas milagrosas têm o mesmo lugar que no movimento de resistência tinham as ações terroristas" (THEISSEN, 1989: 87). A acusação de ser louco (Mc 3,21) e de operar milagres por estar possuído por Beelzebul (Mc 3,22) reflete sua rejeição pelos grupos dominantes da sociedade palestinense do século I.

c) O Messias esperado podia ser *um anjo* que assumia a condição humana ou um homem elevado à condição divina, como já vimos. Jesus, pelos seus poderes extraordinários, podia muito bem combinar, na sua pessoa, as duas opções: ou como ser divino que se faz homem (encarnação: Lc 1,26s) ou como homem elevado à condição divina (a exemplo de Adão, Enoque, Elias etc.). Assim se justifica sua natureza divina, de Filho de Deus, no sentido de condição divino-angelical, e pode ser comparado e relacionado às tradições dos grandes anjos combatentes (Miguel, Filho do Homem e Melquisedec) cuja principal tarefa, segundo o judaísmo da época, era messiânica. Há muitos textos no NT que levam a pensar na natureza sobrenatural e divino-angelical de Jesus: na luta com Satanás (Lc 4,1-13); na transfiguração (Mc 9,2-8); na ascensão ao céu (Lc 24,51); em todos os relatos de ressurreição e de aparição (ver, por exemplo, Jo 20,19); além de toda a sua atividade taumatúrgica.

d) Mas é *na tradição do Filho do Homem*, o anjo messiânico ligado à derrota dos inimigos de Deus e ao seu julgamento, que podemos encontrar o elo mais forte entre Jesus e a cristologia angelomórfica. O título de Filho do Homem, aplicado a Jesus, parece o mais antigo, sendo o mais atestado na Fonte Q. Nesse documento, ambientado na Galiléia dos anos 40-55, portanto, bem próximo dos acontecimentos históricos, Jesus recebe três apelidos: *o que vem*, título escatológico sugerido por João (3,16; 7,19) com o sentido messiânico de reunir os filhos de Israel (13,34-35); *Filho de Deus*, título relacionado às promessas davídicas; e *Filho do Homem*. Há dez ditos em Q sobre o *Filho do Homem* (6,22; 7,34; 9,58; 11,30; 12,8.10.40; 17,24.26.30), dando a entender que a comunidade de Q identificava a pessoa histórica de Jesus com o Filho do Homem. O mesmo Jesus se identifica com esse personagem misterioso (7,34; 9,58). Tal título destaca sobretudo a função escatológica de julgamento e domínio divino sobre todos os povos (Dn 7).

A presença de Jesus, entendido como *o Filho do Homem*, é, para a comunidade de Q, o sinal mais evidente da chegada do tempo do fim, o *eschaton*. Na pessoa de Jesus, o mistério escondido se tornou evidente e se inaugura o tempo final. Por isso, reconhecer Jesus como *o Filho do Homem* passou a ser, para eles, a afirmação central do novo tempo: "Todo o que me reconhecer diante das pessoas, o Filho do Homem o reconhecerá também diante de [...] Deus. Mas o que me negar diante das pessoas será negado diante de [...] Deus" (12,8-9).

Nessa junção das antigas tradições dos anjos messiânicos combatentes (especialmente a figura do Filho do Homem) com a figura histórica de Jesus de Nazaré, encontramos a raiz judaica talvez mais originária do início da cristologia. Do entendimento de Jesus como ser angelical divino (Filho do Homem) ao Cristo (o Messias), o caminho é breve. Mais breve ainda será a evolução do Cristo ao Filho único de Deus, objeto de fé, de culto, fundador e centro de uma nova religião.

É do que iremos tratar em seguida.

Capítulo III

Jesus, "Filho de Deus"

A partir deste capítulo, nossa atenção se voltará para a origem e o desenvolvimento da cristologia, tendo como base o princípio da continuidade entre judaísmo e cristianismo. Procuraremos destacar o processo de intuição hermenêutica relacionada à pessoa de Jesus que se transforma, aos poucos, em crença nele como Profeta, Messias, Filho de Deus, Senhor.

1. A expressão "Filho de Deus" na tradição do AT

No AT, a expressão "Filho de Deus" não tem o mesmo sentido que adquire no NT. No panteão ugarítico, "Filho de Deus" é relacionado à assembléia dos deuses colocada logo abaixo de El, o deus regente (o pai). O termo indica os seres celestes ou sobre-humanos que participam, de certa forma, da ordem divina. Na Bíblia Hebraica, tal expressão designa várias coisas: Israel (Os 11,1), o monarca entronizado (Sl 2,7) e os anjos (Jó 38,7), sendo, posteriormente, no Livro da Sabedoria também aplicada ao indivíduo justo (2,18). No livro de Jó, o termo *benei ha'elohim* ("filhos de Deus", no plural) aparece várias vezes (1,6; 2,1) indicando os seres divinos, provavelmente os anjos, que fazem parte da corte divina. A imagem de Deus cercado por seus anjos é originada provavelmente no ambiente persa, onde o rei soberano, no seu palácio, ficava cercado por seus ministros. Pela cosmologia mesopotâmica, o céu era habitado por inúmeros seres divinos, divididos em bons e maus, anjos e demônios. O livro de Jó testemunha que, a partir do exílio, essa visão teve grande influência na concepção judaica de Deus, e de Satã, que aparece como ser sobrenatural ao qual se atribui o mal terreno, justamente a partir desse período, tendo em seguida grande desenvolvimento, até se tornar o opositor de Deus (SCHIAVO & SILVA, 2000: 70-71).

A versão grega da Bíblia Hebraica (LXX) traduz a mesma expressão como "os anjos de Deus". Se toda tradução é uma interpretação, achamos que nesse caso está bastante acertada, pois na língua hebraica o filho de todo nome coletivo (Filho de Deus) é um membro da espécie que o nome designa. Portanto, a expressão *Filho de Deus* se refere a alguém cuja condição é divina, celestial, sobrenatural, a exemplo dos anjos, excluindo, porém, uma referência direta a um Filho de Deus específico, que poderia ter causado problemas ao monoteísmo judaico.

No grego do NT, a expressão é traduzida como "Filho de Deus" (υἰὸς τοῦ θεοῦ), onde o destaque é para o sujeito (*filho*) sem artigo (*o*), o que justifica sua generalização: não se trata *do Filho de Deus* (impossível para os judeus do segundo templo), mas *da condição* de Filho de Deus, quer dizer, de ser divino, celestial, como a natureza dos anjos (os únicos seres celestiais admitidos pelo judaísmo pós-exílico).

Interpretaremos, portanto, a afirmação *Filho de Deus*, (υἰὸς τοῦ θεοῦ) que traduz a expressão hebraica *(benēi hā'elohim)* não no sentido cristológico de "o Filho de Deus", mas de um ser celestial, divino e, portanto, de anjo também, expressando com isso sua natureza e não sua filiação.

A confirmar nossa opção, está o fato de o Messias, em Qumran, ser considerado "igual aos anjos". De anjo se trata, quando ele, falando de si próprio, afirma: "Eu tomei meu assento [...] nos céus [...]; eu serei contado entre os anjos e estabelecido na santa congregação" (4Q 491, frg. 11,I,6-7). As tradições messiânicas dos anjos combatentes, surgidas no contexto do tardio pós-exílio, confirmam nossa posição, assumida por outros estudiosos, como Fitzmyer, pelo qual "a terminologia *Filho de Deus* em Qumran é usada como título para anjos, a exemplo de toda a Bíblia Hebraica".[1]

2. Jesus, "Filho de Deus"

Qual a ligação entre Jesus e o termo "Filho de Deus"? Acreditamos estar nessa pergunta o nó da questão. Se a partir de sua atividade taumatúrgica Jesus foi acreditado ser de origem divina como os anjos (anjo encarnado ou homem divinizado), podemos ter achado uma das raízes mais importantes da origem da cristologia.

O tema da identidade de Jesus é tratado no relato das suas tentações de Jesus (Q 4,1-13[2]), um dos textos mais importantes da Fonte Q, por revelar o imaginário dos cristãos da primeira geração, ainda de origem judaica, em relação à figura dele. Nesse texto, por duas vezes, o Diabo pergunta a Jesus: "Se és Filho de Deus" (*ei uiós ei tou théou*, vv. 3.9, sem artigo). O significado dessa pergunta não é: "se tu és *o* Filho

---

[1] FITZMYER, *IV Addendum: Implications of the 4Q "Son of God" Text in Qumran Aramaic and the New Testament*, pp. 102-197. Apud: *Charlesworth, Jesus and the Dead Sea Scrolls*, p. 304.

[2] As citações da Fonte Q, capítulos e versículos, correspondem à ordem de Lucas, considerada a mais fiel ao documento original.

de Deus", mas: "se tu és um ser celestial, divino" enviado por Deus, o Messias angelical esperado para os últimos tempos, o adversário escatológico do Diabo. Dessa forma, o Diabo, com suas interrogações, está questionando a natureza celestial de seu oponente, não sua condição de "*o* Filho de Deus". E, para isso, ele propõe a Jesus demonstrar quem ele é através da realização de dois sinais espetaculares: transformar uma pedra em pão (Q 4,3) e se jogar do ponto mais alto do templo a fim de ser salvo pelos anjos (Q 4,9-11). Acreditava-se que tais sinais revelassem a identidade do Messias: o primeiro por relembrar Moisés e Elias, que multiplicaram os pães (Ex 16; 1Rs 17), e eram os profetas esperados para os últimos tempos, como já vimos. O segundo por evidenciar dois conteúdos messiânicos: a crença judaica de que o ponto mais alto do templo fosse o lugar onde se colocaria o Messias na sua chegada, e a comparação de Jesus com Miguel, o chefe dos anjos, que estariam a seu serviço não deixando que ele se esmagasse caindo templo abaixo. Então, Jesus é o Messias, pois ele encarna o profeta escatológico (1º sinal) e Miguel, como ser divino, o anjo-chefe, o protetor e salvador do povo.

No mesmo relato da tentação de Jesus (Q 4,1-13) há outros elementos que vêm confirmar a idéia de um Jesus elevado a ser divino, "Filho de Deus" angelomórfico:

- sua condição de oponente de Satanás, pela qual só pode ser anjo, parecido com os grandes anjos guerreiros: Miguel, Melquisedec e o *Filho do Homem*;

- a relativização do corpo físico, no ser transportado, pelo Diabo, através do céu, passando, num piscar de olhos, de uma situação "física" para outra (4,5.9);

- a relativização das necessidades físicas, como a fome (4,2);

- a possibilidade de fazer coisas maravilhosas, como transformar pedras em pão ou se jogar do templo sem morrer (4,3.9);

- a visão de todo o universo, materialmente impossível, pois não existe montanha tão alta que possibilite uma abrangência universal (4,5-8);

- a visão da Glória, que na linguagem apocalíptica se refere à visão do trono de Deus (4,6);

- o prostrar-se diante de Deus, ação típica dos anjos diante do trono do Altíssimo (4,7);

- a afirmação "se tu és Filho de Deus", que pode ser aplicada aos anjos, chamados "filhos de Deus", ou ao vencedor escatológico, e que revela a natureza divina de Jesus;

- a ação de colocar-se na parte mais alta do templo de Jerusalém, lugar atribuído, pela tradição judaica, ao Messias;

- a presença de outros anjos que o protegem e servem.

Além do relato da tentação, outros textos, no NT, projetam a imagem de Jesus como ser divino, angelical. No texto da transfiguração, Jesus se mostra aos três discípulos em sua natureza divina: "Suas vestes tornaram-se resplandecentes, extremamente brancas, de uma alvura tal como nenhuma lavadeira na terra as poderia alvejar" (Mc 9,3). E logo em seguida apareceram Elias e Moisés conversando com ele. Elias é considerado, no judaísmo tardio, um ser divino, pois "foi arrebatado ao céu num carro de fogo" (2Rs 2,11), enquanto de Moisés se diz que foi o único homem a estar diante de Deus (Ex 33,18-23) e não se sabe onde está sua sepultura (Dt 34,6), aludindo ao fato de que também pode estar com Deus.

A volta messiânica dos dois profetas era esperada como sinal da chegada do tempo escatológico (Dt 18,15 e Ml 3,22-23). Se eles aparecem com Jesus transfigurado na montanha, é, portanto, sinal da chegada desse tempo e a confirmação da identidade de Jesus como o Messias-profeta. No episódio da transfiguração revela-se, portanto, a natureza divina de Jesus.

O mesmo vale para os relatos de ressurreição: é um Jesus que aparece e desaparece, cuja identidade permanece oculta e de repente é revelada (Lc 24); come, fala, deixa-se tocar, mas também passa pelas paredes (Jo 20–21): sua natureza divina ainda se mistura com a humana: não haveria aqui a presença de vários elementos da tradição angelomórfica? Além disso, a ressurreição de Jesus poderia muito bem ser entendida com base em sua natureza, segundo a qual um ser divino não pode morrer. Não estaria aqui a explicação da falta, na fonte Q, do relato da morte e ressurreição de Jesus, que tanto incomodou os estudiosos?

Esses textos são suficientes para concluir que, no imaginário dos primeiros seguidores de Jesus, ainda de tradição judaica, o acontecimento e a pessoa histórica de Jesus podem ter sido entendidos, a partir da tradição angelomórfica, como a encarnação de um ser divino, angelical, que tomou forma humana para enfrentar e derrotar o chefe angelical dos demônios, o Diabo. Nesse sentido, Jesus é o Messias esperado, o chefe dos exércitos divinos na batalha escatológica. Vale a pena ressaltar que estamos ainda bem no início do movimento que deu origem ao cristianismo, talvez nos primeiríssimos anos após a morte de Jesus, quando esse grupo se diferenciava dos demais judeus provavelmente só por sua crença de que o profeta Jesus de Nazaré encarnaria o Messias esperado. Mas, em geral, era mais um entre os vários movimentos de renovação do judaísmo, típicos da época.

3. Jesus, "o Filho de Deus"

Segundo o estudioso inglês Tuckett, o título *Filho de Deus* é bastante anômalo dentro do documento de Q e pode ser entendido "não para distinguir Jesus dos outros, do ponto de vista cristológico, mas para mostrar que a verdadeira filiação divina realmente comporta e oferece aos cristãos um paradigma que é um filho(a) de um ao qual se dirige como Pai" (TUCKETT, 1996: 420). Dando continuidade a essa reflexão, consideraremos a afirmação de sua filiação divina específica (*o* Filho de Deus) como um estágio sucessivo da tradição, na linha da interpretação cristológica.

No mundo cultural helenístico-romano, o rei e o imperador eram apelidados de "filhos de Deus", por serem considerados os elementos de junção do humano com o divino, pois pensava-se que "somente uma pessoa dotada de poderes divinos poderia implantar a ordem, a paz e o bem-estar no mundo" (PIÑERO, 1995: 56). Tais títulos foram aplicados a Alexandre, o Grande, como também aos Antíocos e aos Selêucidas que governaram a Síria e o Egito na época helenística.

No período romano (a partir de 63 a.C.), é comum encontrar inscrições falando do imperador, sobretudo de Augusto, em termos de restaurador da paz e benfeitor do povo, o salvador (*soter*) por excelência, e anunciando a boanova (*evangelho*) de seus feitos.[3] Num decreto das cidades da Província da Ásia, assim era descrito o imperador Augusto no ano 9 d.C.:

---

[3] Bultmann considera o título *Filho de Deus* alheio ao judaísmo da época, um elemento posterior acrescido pelas Igrejas helenísticas (BULTMANN, *History of the Synoptic Tradition,* p. 291). A esse propósito, ver também: KNOHL, *O Messias antes de Jesus,* pp. 104-109.

A divina providência, que ordenou todas as coisas interessando-se de nossas vidas, dispôs na ordem mais perfeita, concedendo-nos Augusto, a quem dotou de virtude divina, para ser benfeitor da humanidade, e enviando-o como salvador nosso e de nossa descendência, de modo que acabe com a guerra e disponha em ordem todas as coisas, superando em bondade todos os benfeitores anteriores [...] e o nascimento do deus Augusto marcou o começo de uma nova era para o mundo, que chegou por sua causa [...] (PIÑERO, 1995: 57).

Virgílio aplica o título a César Augusto: "Este, este é ele, aquele que tantas vezes foi prometido, Augusto César, *filho de Deus*, que mais uma vez estabelecerá a Idade de Ouro" (*Eneida*. 6.791-793).

A linguagem é a mesma usada em relação a Jesus, para descrever seu nascimento: "Não temais — dizem os anjos aos pastores de Belém —, eis que eu vos anuncio uma grande alegria (é a *boa-notícia,* o *evangelho*), que será para todo o povo: nasceu-vos hoje um Salvador (*soter*)" (Lc 2,10s). *Evangelho*, *soter*, *paz* são palavras que fazem parte de uma terminologia comum no império: os cristãos podem ter-se apropriado dessa terminologia para se opor à ideologia imperial, pois tanto Jesus quanto Augusto se adequavam às expectativas populares de um salvador que trazia a paz para a humanidade, mesmo que de forma diferente. A difusão dessas idéias é tão grande que o seu uso torna-se natural, sobretudo entre os judeus da diáspora. É entre estes judeus-cristãos que os evangelhos sinóticos são produzidos. Na novela judeo-helenística José e Asenet, de proveniência egípcia e contemporânea aos evangelhos, José é descrito como a prefiguração do Messias, e o faraó o apresenta como "o filho primogênito de Deus" a Asenet, sua futura esposa, também chamada de "filha do Altíssimo" (21,3).[4]

Mas será sobretudo Marcos quem dará destaque ao título "o Filho de Deus", dirigindo-se às comunidades cristãs de ambiente pagão. Em seu evangelho, é um demônio em terra pagã (a Decápole) o primeiro a declarar Jesus "filho do Altíssimo" (Mc 5,7), e será um centurião pagão a confessar, diante do crucificado, que Jesus é "o Filho de Deus" (15,39). Marcos coloca o apelido na boca do soldado romano, acostumado a aclamar seu comandante vitorioso com o mesmo título e na boca de seres sobre-humanos: os demônios e o próprio Deus, cuja voz se ouve no batismo (Mc 1,11) e na transfiguração (Mc 9,7).

Resulta bastante claro que o uso messiânico e exclusivo do título "o Filho de Deus" remonta ao primeiro judeu-cristianismo. A influência do ambiente cultural helenístico-romano, no uso do termo Filho de Deus aplicado ao imperador, é evidente nas comunidades cristãs nascentes e nos seus escritores, que o usaram em relação a Jesus. Aos poucos, a interpretação cristológica (Jesus, o Filho de Deus) se afirma decididamente no ambiente cristão, sobretudo de origem pagã, sendo visível no acréscimo e no uso explícito do artigo: "Se tu és *o* Filho de Deus" (p. ex.: Lc 3,22; 22,70; 23,35.39; At 9,20). Somente no anúncio do anjo Gabriel a Maria não aparece o artigo antes do nome: "O santo que nascer será chamado *Filho de Deus*" (Lc 1,35). Mesmo assim, a antiga tradição judaica de designar os anjos com o título "Filho de

---

[4] Apesar da surpreendente semelhança com o evangelho da infância (Lc 1–2), "não podemos falar de um contato literário direto entre a nossa novela e o *corpus* canônico cristão [...]. O ambiente religioso do qual procedem o AT e o NT é comum, e as concepções de ambos podem esclarecer-se mutuamente. Não é à toa que o cristianismo primitivo foi, no começo, um judaísmo heterodoxo" (DÍEZ MACHO, *Apócrifos del Antiguo Testamento*, v. III, p. 282).

Deus" permanece. Está presente em *O Pastor*, de Hermas, obra cristã de cunho apocalíptico escrita em Roma entre o final do século I e a metade do II e cuja cristologia não está ainda bem definida.[5] Ali Jesus é chamado de "anjo venerável" (visão V,2; mandamento V,1,7; parábola VIII,3,3), enviado para guiar o Pastor na penitência e para ficar com ele.[6]

Imaginamos que pode ter acontecido a junção de dois significados num mesmo título "Filho de Deus"; uma espécie de "ressemantização" ou ressignificação cultural. O apelido "Filho de Deus", usado no judaísmo tardio em relação aos anjos para descrever suas naturezas divinas e aplicado à figura angelomórfica do Messias, e o título "o Filho de Deus", usado no contexto cultural do império romano, para exaltar a figura do imperador, ou do chefe vencedor na guerra, são, na língua grega, traduzidos com a mesma palavra (υἱὸς τοῦ θεοῦ). A única diferença é o artigo que se acrescenta no contexto helenístico.

Da mesma forma, podemos imaginar a evolução da compreensão da figura de Jesus: de profeta, operador de milagres, em sua vida terrena; a *Filho de Deus*, figura celestial (anjo) messiânica encarnada (Fonte Q); até ser considerado *o Filho de Deus* pelas primeiras comunidades helenísticas (Marcos e sinóticos).

O alicerce da posterior reflexão cristológica está lançado.

---

[5] Nunca fala em Jesus Cristo, mas só usa os termos Salvador, Filho de Deus e Senhor. Parece que a definição trinitária é ainda bastante confusa: há, no Pastor, só duas pessoas divinas: o Senhor e o Espírito Santo, enquanto o Salvador seria um anjo, elevado, por seus méritos, a Filho adotivo (IX,11) (Hermas, *O Pastor*).

[6] Na opinião de Orígenes, o Pastor seria Miguel (*Comment. In Mat. 14,21*), do qual se diz: "Ele goza de grande honra e dignidade junto do Senhor, ele detém grande poder e sua função é forte. Somente a ele foi conferido o poder da penitência" (CXI,3).

Capítulo IV

Jesus, o Messias Salvador

A figura do Messias está associada, no judaísmo tardio, à salvação. A espera messiânica é um produto típico da ideologia monárquica, que se funde com a fé judaica na intervenção de Deus na história. Mas o contexto cultural-religioso que está por trás de tudo é o "mito do combate", uma estrutura simbólica característica do Oriente Médio, que tem na batalha escatológica, entre as figuras celestiais que representam o bem e o mal, seu ponto culminante. Analisaremos, em seguida, cada um desses elementos, para depois mostrar como tudo isso se aplica à figura histórica de Jesus.

1. O mito do combate

1.1. Um dos elementos essenciais das tradições dos anjos messiânicos é o conflito e o combate com seu oponente, o Diabo. Tal estrutura faz parte de um conjunto simbólico-mítico comum no Oriente Médio, denominado "mito do combate". Segundo esse mito, as forças cósmicas do bem e do mal estão se enfrentando no céu numa batalha sem fim e com desfechos alternos, para o domínio da terra. O mito do combate reflete a situação climática do Oriente Médio e a seqüência ininterrupta da estação seca e da estação chuvosa, do frio e do calor, do verão e do inverno, da morte e da vida. A vida, nessas regiões, é sempre precária e instável, pois a enchente ou a seca podiam a cada momento destruir hortas e campos, da mesma forma que bandos predatórios ou ladrões comuns podiam tomar os rebanhos. É a partir dessa realidade e da necessidade de uma ordem cósmica que salvaguarde a vida que surge o mito do combate.

Ele se baseava na idéia de que o cosmo, o céu, a terra, a natureza e a sociedade, tudo tinha sido criado e ordenado pelos deuses. Mas havia forças caóticas e destrutivas que ameaçavam a ordem primordial. Acreditava-se que a ordem cósmica, estabelecida pelos deuses, atemporal e imutável, nunca fosse tranqüila, por causa das forças caóticas que atuavam no mundo e que, a qualquer momento, por qualquer motivo, podiam desestabilizá-la. O combate contra as forças cósmicas do caos era, portanto, o instrumento necessário para defender ou restabelecer a ordem ameaçada. Embora fruto da elaboração teológica dos sacerdotes e teólogos para justificar certa ordem social, essas visões eram adotadas facilmente pelas camadas mais baixas da população, que reconheciam nelas a realidade da experiência humana. O Estado e o rei cumpriam papel de vigilância da ordem e das leis sociais, sustentando o templo com os sacrifícios para aplacar a ira dos deuses e garantir a colheita, a paz, o desenvolvimento natural das coisas e da vida.

É possível encontrar esse modelo literário nos mitos sírio-fenícios, egípcios, acádicos, greco-romanos e judaicos.

1.2. Adela Y. Collins, no seu estudo sobre Apocalipse, define o mito do combate como uma estrutura simbólico-literária que "descreve uma batalha entre dois seres divinos e seus aliados para o domínio universal" (COLLINS, 1976: 19). Geralmente um dos combatentes é um monstro, ou um dragão, representando as forças caóticas, a esterilidade, a morte;

enquanto o oponente é associado à ordem e à fertilidade. Trata-se de uma batalha cósmica, cujo desfecho é a constituição ou abolição da ordem social e/ou da fertilidade na natureza.

O mito do combate é um dos gêneros de maior sobrevida na literatura antiga e deu aos antigos poetas uma estrutura conceitual sobre o poder divino, a monarquia humana, a ascensão e queda das nações. Ele está presente na literatura de praticamente todas as sociedades próximas a Israel, numa forma ideal bastante parecida:

- um casal de dragões que se tornam oponentes: trata-se geralmente de marido–mulher, irmão–irmã ou mãe–filho;

- caos e desordem provocados pelo oponente que ameaça a ordem cósmica e política, gerando medo e confusão na assembléia dos deuses;

- o ataque: o oponente quer derrubar o deus-chefe e tomar-lhe o poder;

- a impossibilidade de encontrar entre os deuses mais velhos quem possa encarar a força caótica e pôr ordem no universo;

- o surgimento de um deus mais novo, jovem, o campeão, que entra em batalha com a força hostil;

- a morte do campeão;

- o reino do dragão: uma vez morto o campeão e confinado no mundo subterrâneo, o dragão domina destrutivamente, saqueia e satisfaz sua luxúria e ataca a mulher ou mãe do deus;

- a recuperação do campeão por obra da mulher (irmã ou mãe), que o ressuscita através da magia ou por sedução do dragão ou indo ela mesma lutar contra o dragão;

- a batalha e a vitória do campeão;

- a criação de uma nova ordem ou restauração da anterior, a construção de um palácio na terra para o culto do campeão e a proclamação dele como rei dos outros deuses.

1.3. O mito do combate se expressa, mesmo que em formas diferentes, na literatura e religião de praticamente todos os povos do Oriente Próximo. Parece haver três tradições distintas do mito do combate: a egípcia, a mesopotâmica e a indo-européia. Quanto a esta última, sua origem estaria nas tribos proto-indo-arianas que habitavam as vastas estepes da Rússia meridional na segunda metade do terceiro milênio. Delas se originaram dois povos: os indo-arianos e os iranianos. Os indo-arianos teriam migrado em direção à Ásia Central e, passando pelo Afeganistão, teriam chegado ao vale do rio Indo, provavelmente a partir de 1500 a.C. Os iranianos, pelo contrário, teriam se instalado no sul dos Urais (atual Cazaquistão), no sudeste do atual Irã e no oeste do Afeganistão. Deles teria saído o profeta e sacerdote Zaratustra (COHN, 1996: 84).

Apresentaremos, em seguida, as diferentes expressões do mito do combate.[1]

a) No Egito, a vida floresce e se desenvolve às margens do rio Nilo, enquanto a maioria do país é desértica e as chuvas são insuficientes para o cultivo de cereais e a criação de rebanhos. Mas, se por um lado as águas do Nilo possibilitam a

---

[1] Nossa referência será o belo estudo de Cohn, *Cosmos, caos e o mundo que virá*.

agricultura e a vida, por outro lado, elas podiam se transformar em ameaça, destruição e morte, toda vez que ocorresse uma enchente ou uma seca: em ambos os casos a fome era certa. A precariedade física contribuiu para gerar um sentimento de ameaça constante. Tal conflito natural desenvolveu-se como conflito cósmico entre a ordem divina e o caos. O princípio da ordem era chamado de *ma'at*, palavra cujo significado era "base"; de fato, ela era a base do sistema cósmico, jurídico e de todos os aspectos da existência humana, e associava-se ao deus-sol, *Ra*. Do outro lado, o *isfet*, a "falsidade", a "injustiça", cuja personificação era a gigantesca serpente *Apófis*, que se assemelhava ao dragão, era o princípio do caos e das trevas, com seu reino no mundo inferior. A batalha entre *Ra* e *Apófis* era eterna, com necessidade de vencer sempre, senão o sol interromperia o seu curso e acabaria a ordem do mundo. Para que isso acontecesse, fazia-se necessário o culto diário no templo, celebrando a vitória cotidiana de *Ra-Ma'at,* garantido pela monarquia. O mito de Seth e Osíris sintetiza esse conflito. Seth, deus inquieto e violento, personifica a força física bruta, a potência sexual, a promiscuidade bissexual, o descontrole. As tempestades destrutivas, o deserto aterrorizante e tudo o que era exótico e desconcertante podiam ser associados a ele. Segundo o mito, Seth assassinou seu irmão, o grande Osíris, desmembrou-lhe o corpo e lançou os pedaços no Nilo, antes de ele ter gerado um herdeiro, ameaçando assim usurpar a realeza. Mas, pela intervenção de Ísis, irmã e esposa de Osíris, que juntou os membros dispersos, inclusive o falo, Osíris pôde ter o tão sonhado herdeiro, Hórus, que conseguiu subjugar e vencer Seth, tornando-se rei da terra. Osíris foi destinado ao domínio do mundo inferior, e Seth, senhor das regiões fora do mundo ordenado: desertos estéreis e países estrangeiros. Desse modo, a ordem foi restabelecida.

b) Como o Egito, também a Mesopotâmia era uma terra desértica e estéril, que dependia continuamente das águas dos rios Tigres e Eufrates e da intensa obra de canalização e irrigação. Mesmo assim, permanecia o perigo das cheias e das secas. Além disso, a Mesopotâmia desde sempre foi palco de inúmeras guerras que traziam insegurança e fome para suas populações: a oeste do Eufrates, eram os nômades do deserto sírio-árabe, que entravam em choque com os camponeses das planícies fluviais; ao norte, eram as tribos selvagens dos contrafortes montanhosos, que atacavam seus vilarejos. Nesse contexto conflitante e de perene insegurança, o povo mesopotâmico desenvolveu sua cosmovisão:

> O mundo consistia na terra, imaginada como uma travessa plana com a borda corrugada de montanhas; acima dela, a abóbada do céu, apoiando-se sobre as montanhas e sustentada pela atmosfera, com corpos astrais movendo-se ao longo dela; abaixo da terra, uma massa de água doce, chamada *abzu* ou *apsu* (de onde se originou a palavra "abismo"); e, ainda mais para baixo, sob o *abzu*, havia outro hemisfério, o mundo inferior, onde viviam os espíritos dos mortos (COHN, 1996: 53).

O equilíbrio instável entre céu e terra é expresso no mito do combate. Há vários mitos centrados no combate cosmogônico. O mais significativo e famoso está no *Enuma elish*, que conta os feitos de *Marduk*, deus da Babilônia, no tempo da ascensão ao trono do rei Hammurabi. *Marduk*, no sumérico "bezerro do deus sol", filho de Euki ou Ea, *senhor das águas subterrâneas*, é o vigoroso e jovem deus da tempestade, que coloca tudo em movimento e assegura que esse movimento, do qual dependem as estações e os ciclos vitais, prossiga ininterrupto. Vencendo *Tiamat* (no acadiano "mar"), figura divinizada e mítica da mãe do céu e da terra, deusa do mar revolto (a água salgada), da inércia e do passado que não quer mudança, ele se torna o rei dos deuses do céu e da terra, criando condições para uma ordem harmoniosa e durável, defendida e administrada por ele. A luta entre os dois oponentes é eterna, porque as águas do mar continuam cobrindo a maior parte da superfície da terra. As tropas de *Tiamat* são: serpentes monstruosas com presas afiadas e corpos repletos de veneno, víboras, dragões, leões, cães enraivecidos, demônios da tempestade, bisões, criaturas voadoras, homens-escorpião etc. Uma vez vencidos, esses deuses serão postos ao serviço de *Marduk* na construção de seu palácio-templo na Babilônia.

c) O zoroastrismo surgiu entre os iranianos, talvez no II milênio a.c., e teve em Zaratustra (Zoroastro, na acepção grega), seu profeta maior. Tanto o nascimento como a vida de Zoroastro foram assinalados por maravilhas. O zoroastrismo se tornou religião oficial do império persa no século VI a.C., exercendo uma enorme influência na religião judaica. Segundo o zoroastrismo, há dois princípios primordiais: *Ahura Mazda*, deus não criado, da sabedoria, da justiça e do bem; e *Angra Mainyu*, princípio da falsidade, da desordem, do caos e chefe dos demônios. Presente no mundo material, ele não possui existência física, mas toma as formas da serpente, do cavalo, do homem e do dragão legendário. As duas forças, que estão na base do cosmo, defrontam-se numa interminável guerra cósmica. Há duas maneiras de os homens auxiliarem os deuses na preservação da ordem do universo: as preces e o sacrifício, que garantem o ciclo vital inaugurado no começo; e a observação estrita de diversas leis de pureza, para fortalecer o mundo ordenado e enfraquecer as forças do caos. Há animais a serviço de *Angra Mainyu*: insetos como formigas, besouros, gafanhotos; répteis como escorpiões, lagartos, serpentes; animais de rapina como lobos; e uma quantidade enorme de demônios, cuja função é arruinar o mundo "bom". *Ahura Mazda* tem como aliados: o gado (o animal "bom"), os seres humanos, os cães (cujo olhar é purificador e afasta os demônios) e os espíritos dos ancestrais ou dos heróis mortos, considerados protetores dos vivos. No final do "tempo limitado", o "tempo da mistura", haverá uma purificação de todo mal, com julgamento e condenação do mal e dos pecadores, enquanto para o bem e os bons acontecerá uma grande transformação, chamada de "tornar maravilhoso", e viverão para sempre em paz e harmonia.

d) Às margens do rio Indo, a tradição do *Rig Veda*, uma coleção de mais de mil hinos em sânscrito, apresenta o mito do deus Indra, que domina o caos primordial e cria o mundo ordenado. Indra é o deus guerreiro da tempestade, do raio, do trovão e da chuva, e descrito antropomorficamente como

> um gigante com braços e mãos poderosos, boca e garganta vorazes e prodigioso apetite. Eternamente jovem e forte, tormentoso e violento, mas também ardiloso, Indra é um lutador formidável. Move-se em uma carruagem dourada puxada por dois cavalos baios vigorosos. Ao lançar seu raio dotado de mil dentes, nunca erra o alvo (COHN, 1996: 88).

Indra é conhecido também como deus da fertilidade, dotado de mil testículos e de uma ilimitada energia criativa, confere fertilidade aos campos e às mulheres. Seu primeiro grande feito foi libertar, com seu canto maravilhoso, as vacas sagradas (símbolo do nascer do sol, pela cor avermelhada) aprisionadas na caverna do demônio *Vala*, dando início assim à sucessão de auroras. Em outro mito, Indra entra em confronto com os sete demônios cujo chefe *Vritra* (lit. significa: "limitador", "oposição", "bloqueio") é imaginado como uma grande serpente enrolada sobre a montanha primordial que contém as águas cósmicas. Indra é o mais novo entre os deuses, tendo o céu como pai e a terra como mãe, que ao seu nascer logo se separaram, dando origem ao céu e à terra. Armado pelo raio e desencadeando a tempestade, depois de várias peripécias, Ele destrói *Vritra* e *Danu*, sua consorte, trancando-os no abismo subterrâneo com os outros demônios. Tornou-se o senhor supremo dos deuses, criou o mundo ordenado, libertou as águas cósmicas que, formando rios, correram para o mar como pássaros que voltam ao ninho. Por fim, estabeleceu a lei cósmica, *Rita*, pela qual os deuses cumprem cada um sua função no governo do mundo.

e) A cidade de Ugarit, no litoral da Síria, conheceu seu máximo esplendor entre 1400 e 1200 a.C. Centro das grandes rotas comerciais entre a Mesopotâmia, o Egito e o Mediterrâneo, sua economia era sobretudo comercial e agrícola. Habitada por uma mistura de povos semitas, os cananeus, tinha uma organização política de cidade-Estado, contendo entre 6 mil e 8 mil moradores improdutivos na cidade, dependentes do palácio, e cerca de 25 mil lavradores distribuídos nos campos circunstantes. A partir do século XIII, a região foi invadida pelos "povos do mar", mas a influência cananéia continuou viva e forte junto aos vizinhos israelitas, e sua cosmovisão e seus deuses estão bastante presentes na Bíblia Hebraica. Originariamente, três divindades dominavam o panteão cananeu: *El*, pai dos deuses e criador do céu e da terra, que tinha como símbolo um touro, e cujo templo em Ugarit era em forma de tenda, o qual dividia com sua consorte *Asera*. *Anat* era deusa da fertilidade e defensora do cosmo contra o caos. Mas o deus mais importante era *Ba'al* (literalmente, "Senhor"), talvez introduzido posteriormente por estrangeiros ou imigrantes no panteão cananeu. Guerreiro divino, armado de punhal, maça e lança, ele era deus da tempestade, do relâmpago, da chuva, da fecundidade e fertilidade. É o defensor do cosmo contra as forças do caos. Representado tanto na forma humana quanto em forma de touro, acreditava-se que a chuva caísse na terra através das janelas de seu palácio, fecundando os campos áridos. *Ba'al* está em eterno conflito com *Yam* (literariamente, "príncipe do mar", ou "soberano rio", mais no sentido de "corrente" do que de "rio"), deus do mar, imaginado como força indomável e em movimento, ameaçando a terra, e, ao derrotá-lo, *Ba'al* preserva o mundo ordenado e se torna, como já aconteceu com *Marduk*, rei dos deuses. *Yam* é identificado com a serpente escorregadia, o *Leviatã*, ou o dragão. Outro adversário de *Ba'al* é *Mot*, deus da seca que condena a terra à esterilidade. Na terra, está no deserto e é senhor da morte, imaginada como um ser voraz, de insaciável apetite por carne e sangue humanos; sua morada é o mundo inferior, "o poço", "o abismo". *Ba'al*, *Yam* e *Mot*, em seus conflitos, simbolizam as vicissitudes da terra de Canaã. A luta entre eles representa a luta entre as forças da vida e as forças da morte.

f) No Israel monárquico, Jahvé, o deus padroeiro, é imaginado como o cananeu *Ba'al* e o babilônico *Marduk*. É deus da chuva, que subjuga as rebeldes águas cósmicas, simbolizadas pela serpente ou os dragões *Leviatã* e *Raab*. Ele, como *Ba'al*, precisou lutar contra as águas para submetê-las à sua vontade, sendo essa luta testemunhada no Sl 74: "Tu dividiste o mar com o teu poder, quebraste as cabeças dos monstros das águas; tu esmagaste a cabeça do Leviatã dando-o como alimento às feras selvagens" (vv. 13-14). É, também, deus da guerra, auxiliando Israel na luta contra os inimigos. Chama atenção sua participação fundamental na guerra de Débora, na qual aparece como deus da tempestade, que faz cair uma chuva torrencial decisiva para o êxito da batalha (Jz 5); ou no milagre do Êxodo, no qual ele abre as águas do mar para o povo passar (Ex 14,15-31). Assim, ele se torna *Elyon*, "o mais elevado", epíteto antes aplicado só a *El*. Aos poucos, Jahvé vai se tornando o deus supremo, com características de compaixão pelos indefesos da sociedade: pai dos órfãos e justiceiro das viúvas. Seu templo será construído em Jerusalém:

> Foi ali que revelou sua vontade e foi ali que abençoou seu povo. E ele o fazia como rei: vitorioso sobre as águas do caos, sentado sobre o dilúvio, dominava desde o monte Sião, tal como *Marduk* a partir do monte Zafon [...]. Por ser o local de sua residência, Sião passou a ser vista como a *rocha sagrada*. Era o centro e a fundação do mundo ordenado, a expressão suprema de uma ordem estabelecida no céu, precisando, portanto, ser incessantemente defendida contra os agentes do caos. Se fosse capturada, todo o cosmo seria reduzido ao caos [...]. Pela localização e pelos elementos decorativos, o templo era repleto de simbolismo cósmico. Foi erguido sobre uma grande rocha [...] e hoje esta rocha foi considerada o ponto fixo em torno do qual, no início, Deus havia formado a terra. Debaixo da rocha estavam as águas subterrâneas, aquelas forças do caos que sempre estavam ameaçando engolfar o mundo ordenado. O templo mantinha tais forças a distância. No interior da construção, as águas primordiais eram representadas por um enorme tanque de bronze, sustentado por doze touros também de bronze. O tanque tinha metade da largura do edifício, ele próprio projetado para representar o mundo ordenado. Os touros e os inúmeros entalhes de palmeiras e romãs simbolizavam a fertilidade do mundo ordenado, enquanto os pilares defronte ao vestíbulo provavelmente simbolizavam sua permanência e durabilidade. O templo era de fato percebido como fonte de força e vitalidade divinas, as quais emanavam dele em benefício do povo, dos rebanhos e das plantações. Tal qual

os templos mesopotâmicos, o templo unia o céu e a terra (COHN, 1996: 182-183).

Para os israelitas, assim como para os cananeus, os mesopotâmicos e os egípcios, a ordem do mundo é indicada por três palavras:

- *mishpat*, o "julgamento": designava o domínio de Jahvé como rei, e, portanto, a própria ordem estabelecida por ele;

- *tsedeq*, a "retidão", ou "correção": significa desvendar os crimes ocultos e corrigir as injustiças para com os inocentes;

- *shalom*, o "bem-estar", a "boa sorte" que abrangia todos os aspectos da vida humana: prosperidade, fertilidade, vitória, paz etc. Era fruto do *tsedeq*.

Mas havia também as forças perturbadoras: o deserto, que avançava sempre mais e era considerado lugar de demônios, sem leis, habitado por criaturas perigosas, como serpentes, escorpiões, chacais, urubus e hienas. Era o reino do caos e da confusão. E as nações hostis, cujos exércitos invasores eram vistos como monstros do caos, iguais às águas incontroláveis ou ao vento do deserto. Por fim, a morte e a descida ao *Xeol*, o "poço", o mundo dos mortos e do não-retorno, o lugar do esquecimento.

g) O mito do combate está presente também no norte da Europa. Esses povos também teriam seu berço na Rússia meridional, de onde, a partir da segunda metade do terceiro milênio, as migrações levariam tribos de proto-indo-europeus até o rio Indo no leste e, ao noroeste, até a Escandinávia. Aqui existe um paralelo de Indra: o deus Thor, cujo nome significa "trovão", e que se tornou a figura mais importante no panteão nórdico na época dos *vikings*, rivalizando e sobrepujando Odin, apresentado como seu pai. Thor era um deus jovem, loiro, de barba vermelha e muito forte, um guerreiro que em épocas de guerra liderava o povo, conduzindo uma carruagem puxada por dois bodes e possuindo armas irresistíveis: luvas de ferro, um cinto e um martelo mágicos. Sobretudo, ele era o protetor e o mantenedor da ordem, afastando os gigantes que ameaçavam o cosmo. Estes eram como serpentes e dragões, encarnações do caos, da nulidade e da morte. Thor combate e vence o mais temível deles: *Hrungnir*, que ameaçava matar todos os deuses; vence o monstro marinho em forma de serpente *Midgard*, que enrolava a terra e ameaçava destruí-la. Apesar da ameaça do caos pairando constantemente sobre a criação, Thor, como Indra, Marduk, Horus e os outros deuses, aparece infundindo segurança, combatendo as forças cósmicas destruidoras e garantindo a ordem natural do cosmo.

1.4. Função política do mito do combate. O mito do combate é um instrumento fantástico de legitimação do poder. A ordem na terra é mantida através do culto aos deuses vencedores, que têm direito ao seu próprio templo. Geralmente os templos são situados no alto, numa montanha: Marduk nas *ziqqurat* babilônicas, Ba'al no monte Zefon, Jahvé no monte Sião. Toda monarquia se identificava com seu deus padroeiro. O rei se declarava descendência direta do deus e representava o povo perante os deuses e os deuses perante o povo. Preservando a justiça e a ordem na terra, ele pedia em troca prosperidade para seu reinado. Nas palavras de um faraó do Egito: "(o deus) me criou como aquele que deveria fazer aquilo que ele havia feito e realizar aquilo que ele ordenou que deveria ser feito. Ele me designou pastor dessa terra, pois sabia quem poderia mantê-la em ordem para ele" (apud COHN, 1996: 28).

Ramsés IV assim rezava ao deus Osíris, de quem se dizia filho:

> E tu me darás Nilos majestosos e fecundos, para que possa proporcionar tuas oferendas divinas e proporcionar oferendas divinas a todos os deuses do Sul e do Norte; a fim de manter vivo o povo de todas as tuas terras, seus gados e seus arvoredos, que tua mão formou [...]. E, em minha época, tu ficarás satisfeito com a terra do Egito, tua terra (apud: COHN, 1996: 29).

O rei Davi, logo após ter conquistado Jerusalém e consolidado seu poder, tem uma preocupação: construir um templo a Jahvé, o deus padroeiro da monarquia israelita. A teologia davídica afirma que Jahvé se comprometeu na legitimação e garantia eterna da descendência do rei-filho no trono israelítico:

> Estabelecerei para sempre o seu trono. Eu serei para ele um pai e ele será para mim um filho: se ele fizer o mal, castigá-lo-ei com vara de homem e com açoites de homem. Mas a minha proteção não se afastará dele, como a tirei de Saul, que afastei de diante de ti. A tua casa e a tua realeza subsistirão para sempre diante de mim, e o teu trono se estabelecerá para sempre (2Sm 7,14-16).

Nos momentos de nacionalismo mais intenso, como no tempo do rei Josias (final do século VII), o templo e o culto a Jahvé se tornarão instrumentos de unidade nacional, contribuindo para o fortalecimento da identidade do povo e do poder da monarquia. Por isso, uma das reformas mais importantes de Josias foi a destruição de todos os templos locais do interior, onde desde tempos remotos subsistiam os cultos às divindades cananéias, impondo o único culto a Jahvé em Jerusalém (2Rs 23).

O sacrifício é a garantia da ordem cósmica e da proteção do deus padroeiro: sua realização regular é responsabilidade do rei. Atentar contra o rei significava, portanto, desestabilizar a ordem divina e trazer de volta o caos. No Sl 2, essa idéia é expressa na pergunta de Jahvé: "Por que as nações se amotinam, e os povos meditam em vão? Os reis da terra se insurgem, e, unidos, os príncipes conspiram contra Jahvé e contra o seu Ungido?" (vv. 1-2). Na resposta, Jahvé afirma sua relação predileta com o rei: "Fui eu que consagrei o meu rei sobre Sião, minha montanha sagrada!" (v. 6). Segue a afirmação da eleição de Davi: "Tu és meu filho, eu hoje te gerei. Pede, e eu te darei as nações como herança, os confins da terra como propriedade. Tu as quebrarás com um cetro de ferro, como um vaso de oleiro as despedaçarás" (vv. 7-9). No final, encerra-se com uma dura advertência aos subversivos: "E agora, reis, sede prudentes; deixai-vos corrigir, juízes da terra. Servi a Jahvé com temor [...]" (vv. 10-12).

Na cosmovisão babilônica, a terra está rodeada de água por todos os lados, flutuando acima das águas do abismo e tendo sobre ela o firmamento com as águas do céu. A ameaça de inundações e de rompimento das "comportas do céu", como aconteceu no episódio do dilúvio (Gn 7,11), é real e constantemente presente. O império se auto-apresentava como a garantia de que isso não iria acontecer:

> A função do culto é de manter este firmamento, acalmando as divindades com templos e sacrifícios. As torres e as *zigurates* têm esta função precisa: levar os sacrifícios para bem perto das divindades do céu, sol e lua, a fim de que elas mantenham o cosmo e deixem fechadas as comportas. Enquanto o culto imperial funcionasse, o perigo de dilúvio estava afastado. A crise deste culto deixaria irritados os deuses, o que poderia trazer o dilúvio, as enchentes e as

catástrofes. Assim sendo, quem contestasse o imperador, quem deixasse de participar do culto, quem "esquecesse" de pagar seus tributos, ameaçava a irrupção do caos, o aniquilamento da ordem da natureza. A ordem política imperial era, simultaneamente, ordem natural e cósmica. Rebelar-se contra o império implicava rebelião contra a natureza (SCHWANTES, 2002).

Desse modo, o mito do combate se torna uma das formas mais importantes para legitimar, aqui na terra, o poder e a dominação de reis e grupos sociais.

2. A batalha escatológica

É no contexto do mito do combate que deve ser lida e interpretada a estrutura simbólica da batalha escatológica, própria do judaísmo pós-exílico. A oposição cósmica entre forças celestiais se torna verdadeira batalha, que caminha para o seu desfecho. O dualismo se impõe como chave de interpretação da história, enquanto a apocalíptica, que conhece nesse período seu melhor momento, fornece o instrumentário simbólico à reflexão teológica.

2.1. No nível cósmico, o dualismo se expressava no conflito entre os princípios do Bem e do Mal, encarnados nas figuras de Miguel (o Filho do Homem, Melquisedec) e do Diabo (Belial ou Mastema[2]), enquanto no nível histórico, ele se refletia na situação de dominação do povo, na falta de liberdade, na exploração e espoliação de Israel e Judá pelos impérios que se sucediam na cena internacional.

---

[2] São nomes dados, por grupos diferentes, ao Diabo. Belial vem talvez do termo hebraico *Belî-ôr*, que significa literalmente "sem luz" (Rolo da Guerra), enquanto Mastema significa "hostilidade, animosidade, ódio" (Livro dos Jubileus).

Mas o dualismo está presente também na pessoa humana. No *Tratado dos dois espíritos*, na Regra da Comunidade, importante documento do Mar Morto, afirma-se que "Deus criou o homem para dominar o mundo, e pôs no homem dois espíritos, para que caminhe neles até o tempo de sua visita: são os espíritos da verdade e da falsidade" (1QS 3,18). Quer dizer: o homem já nasce com essa dualidade, que o acompanhará ao longo de toda a vida.

O dualismo, que aos poucos vai se acirrando, torna-se verdadeira batalha. Entre o final do século I a.C. e a primeira metade do século I d.C., os judeus acreditavam estar próximo o final desse conflito, a batalha escatológica, que colocava frente a frente o enviado de Deus, o Messias e seus oponentes: Satanás (Belial ou Mastema) com seus demônios. A derrota desses últimos inauguraria o reinado definitivo de Deus. Acreditava-se que o império romano, chamado de *Kittim* na Regra da Guerra (I,9), encarnasse na terra as forças hostis do demônio.[3] Os numerosos levantes populares da primeira metade do século I d.C. e que culminaram com a guerra de 66-70 podem ter tido como suporte ideológico também a crença de estar vivendo os últimos tempos e de ter chegada a hora de expulsar os inimigos. O encontro entre a apocalíptica e os movimentos sociais organizados, sobretudo os de matriz política como os zelotas, teria originado uma onda nacionalística que culminou na guerra judaica.

2.2. Existem, na literatura apocalíptica, duas tradições de batalha escatológica:

---

[3] Nesse sentido é interessante a interpretação do exorcismo dos 2.000 demônios que Jesus expulsa em Mc 5,1-12, como sendo uma coorte de uma legião romana, jogada de volta para o mar de onde veio (MYERS, *O evangelho de são Marcos*, pp. 239-241). Também, no livro do Apocalipse, onde a simbologia política do mal é concretamente aplicada ao império romano e ao seu imperador (12–18).

a) a batalha militar: ela tem seu ápice no Rolo da Guerra, mas está presente em outros textos, como Ap 12,7-9, que descreve a grande batalha celeste e a derrota de Satanás. Também a encontramos no Testamento de Moisés (um pseudepígrafo composto provavelmente antes de 30 d.C.), que afirma:

> Então se manifestará seu reino sobre toda a criação, e o diabo terá seu fim, e a tristeza se afastará com ele. Então será investido o Enviado (Miguel), que está no mais alto e os vingará de seus inimigos. Pois se levantará o Celeste de seu trono real e sairá de sua santa morada inflamado de cólera em favor de seus filhos. Tremerá a terra, até os confins será sacudida, e as altas montanhas serão abatidas e os vales se desfalecerão [...] (10,1-10).

No Rolo da Guerra se diz que no dia da guerra

> se enfrentarão para a grande destruição a congregação dos deuses e a assembléia dos homens. Os filhos da luz e o lote das trevas guerrearão juntos pelo poder de Deus, entre o grito de uma multidão imensa e o clamor dos deuses e dos homens, no dia da calamidade (1QM 1,10-11).

Será uma guerra santa: os sacerdotes, soando suas trombetas, estarão à frente dos batalhões de soldados, compostos de varões puros e perfeitos de corpo e de espírito (7,1-18). A duração da guerra será de sete períodos, e nos primeiros três os eleitos ganharão, nos três seguintes Belial e os seus ganharão, por fim, no último período a intervenção de Deus decidirá a guerra, pela ação do seu Messias, Miguel (12-13.17). Tudo é descrito nos mínimos detalhes: as estratégias militares, a organização do exército e até a roupa dos soldados.

b) A batalha legal. Seu contexto é jurídico. Miguel, o grande guerreiro celeste, chefe dos exércitos divinos, tem também funções de defensor judicial (Dn 12,1), assim como o Filho do Homem de Daniel, o restaurador da justiça, levanta-se no meio de um tribunal divino (7,9-10). No campo jurídico, a palavra é o instrumento pelo qual se dá a contenda. Há toda uma tradição específica sobre o combate pela palavra como instrumento messiânico de destruição do mal. Na descrição do Messias que encontramos em Is 11,4, diz-se que "ele julgará os fracos com justiça, com eqüidade pronunciará uma sentença em favor dos pobres da terra. Ele ferirá a terra com o bastão de sua boca, e com o sopro de seus lábios matará o ímpio", clara referência ao julgamento final em que o ímpio será destruído.

A imagem de um ser celestial enfrentando outro, em atitude de contenda, aparece com clareza no Livro dos Jubileus (apócrifo judaico do início do século II a.C.), quando, na hora de Abrão sacrificar Isaac, estão diante dele o Anjo de Deus e o Príncipe Mastema (18,9): é uma clara imagem judicial cuja finalidade é comprovar a veracidade da fé de Abrão.

Mas é no 4Esdras, um apócrifo judaico do AT, redigido, provavelmente, entre 100-120 d.C., que encontramos uma maravilhosa visão do Messias guerreiro que combate com a espada de fogo de sua boca:

> Depois de sete dias aconteceu que de noite tive um sonho; eis que vi, se levantando do mar, um forte vento que agitava todas as suas ondas; olhei e eis que o vento fez subir do fundo do mar algo parecido a um homem; olhei e eis que aquele homem voava junto às nuvens do céu: onde seu rosto se virava para olhar, tremia tudo o que estava sob seu olhar;

de onde saía a voz de sua boca se fundiam todos os que a ouviam, como se liquefaz a cera quando sente o fogo. Depois disso, continuei a olhar e eis que se reunia uma multidão de homens, sem número, dos quatro ventos do céu, para lutar contra aquele homem que tinha subido do mar; olhei e eis que ele esculpiu para si uma grande montanha e voou acima dela; eu procurei ver o lugar de onde fora esculpido o monte, mas não consegui. Depois disso, olhei e eis que todos os que tinham se reunido para combatê-lo tinham um grande medo, mas ousavam (igualmente) combatê-lo. E eis que, quando viu o assalto daquela multidão que vinha, não levantou a mão, não tinha a espada nem outro instrumento de guerra, mas vi somente que emitiu de sua boca como um fluxo de fogo, e de seus lábios um sopro de chama, e de sua língua faíscas de tempestade; todas estas coisas se mesclaram, o fluxo de fogo, o sopro de chama e a grande tempestade, e recaíram sobre o assalto da multidão que estava pronta para combater, queimando todos, ao ponto que (daquela) multidão incontável não se viu mais nada a não ser pó de cinza e cheiro de fumaça, somente. Eu vi e fiquei aterrorizado (13,1-11).

A dependência de Dn 7 é visível na figura semelhante a um homem, que domina os ventos do mar e cavalga as nuvens. Subir do mar é paralelo às bestas que em Daniel também vêm do mar. O que chama a atenção nessa visão é que o Messias é guerreiro, que aparece no monte Sião, lugar do julgamento escatológico (29-39), tem como sua única arma o fogo que sai de sua boca, quer dizer: a palavra da lei. A interpretação da visão deixa claro que a batalha travada no foro jurídico, onde os maus são acusados de sua impiedade e destruídos, é uma imagem relacionada à observância da lei. A lei salva, se observada; caso contrário, ela se torna instrumento de condenação. É esse um dos pilares sobre os quais se alicerça o judaísmo pós-exílico.

A palavra possui, portanto, quase que uma força mágica: pode ser instrumento de vida (criar, como em Gn 1; ou salvar, como no julgamento final), ou de morte (como na destruição dos maus). Um exemplo disso está no anúncio da queda da Babilônia, em Ap 18,1-2; esse anúncio tem, por si mesmo, a força da ação:

> Depois disso, vi outro anjo descendo do céu; tinha grande poder, e a terra ficou iluminada com a sua glória. Ele então gritou com voz poderosa: Caiu! Caiu Babilônia, a Grande! Tornou-se moradia de demônios, abrigo de todo tipo de espíritos impuros; abrigo de todo tipo de aves impuras e repelentes.

Um outro exemplo é o anúncio da vitória em Ap 12,11: "Eles o venceram pelo sangue do Cordeiro e pela palavra de seu testemunho, pois desprezaram a própria vida até a morte". Não é por acaso que nos exorcismos se faz largo uso da palavra como força que, na pronúncia do nome do outro, o neutraliza e o domina.

Na mitologia de Ugarit há um interessantíssimo paralelo: a técnica que o deus Kotar sugere para Ba'al superar Yam consiste numa interrogação retórica e numa arma mágica: a pronúncia do seu nome. A vitória e a destruição do adversário ocorrem por um esconjuro mágico (LETE, 1981: 1.2 IV 7-12).

No Cântico dos Sacrifícios Sabáticos, um dos documentos mais importantes e enigmáticos encontrados entre os Rolos do Mar Morto, acredita-se de tal modo na força da palavra, que ela parece substituir o sacrifício no templo: o verdadeiro sacrifício é a louvação ininterrupta à Glória de Deus (4Q 404,30-35). Para a comunidade essênia, a observância da palavra (a lei) é a arma indispensável na derrota de Satanás: "E no dia em que o homem se comprometer em retornar à lei de Moisés, o anjo Mastema se distanciará dele se ele observar suas palavras" (CD 16,5). A Regra e a observância das normas legais e litúrgicas são necessárias na derrota do Mal:

> Essa é a regra para os homens da comunidade que se oferecem voluntariamente para converter-se de todo mal e para manter-se firmes em tudo o que ordena segundo a sua vontade. Que se separem da congregação dos homens de iniqüidade para formar uma comunidade na lei e nos bens, e submetendo-se à autoridade dos filhos de Sadoc [...] (1QS 5,1-2).

Submeter-se a uma regra é garantia de salvação: aqui está sua força quase que mágica.

A magia da palavra pode, porém, ser negativa: ali ela se torna sedução. No Ap 16,13-14, tal idéia se expressa numa imagem interessante:

> Nisto vi que da boca do Dragão, da boca da Besta e da boca do falso profeta saíram três espíritos impuros, como sapos. São, com efeito, espíritos de demônios: fazem maravilhas e vão até os reis de toda a terra, a fim de reuni-los para a guerra do Grande Dia do Deus todo-poderoso.

No Primeiro Livro de Adão e Eva,[4] comentando a queda de Gn 3, Satanás se apresenta a Adão e diz-lhe:

---

[4] Apócrifo cristão, da Escola de Santo Efrém, na Síria (século IV), mas provavelmente bem mais antigo. Partes dele são encontradas no *Talmude* e no *Alcorão*. Adão e Eva receberam um corpo sutil e luminoso, mas não tinham necessidade de comer e beber. Viviam sem preocupações. Com a desobediência, tiveram de sair do jardim para habitar na Caverna dos Tesouros e começaram as modificações do seu corpo físico. Experimentariam muitos sofrimentos, até serem libertados depois de 5.500 anos,

Sou aquele que se escondeu na serpente e falou a Eva e a enganou até que ela obedecesse a sua ordem. Sou aquele que a enviou, através das artimanhas de minha fala, para enganar-te, até que tu e ela comestes do fruto da árvore e saístes de sob o comando de Deus (57).

Palavra e magia estão estreitamente ligadas uma à outra: o adversário é vencido pela fala, tanto no sentido bom como no sentido negativo da sedução.

3. Jesus, o combatente escatológico pela palavra

Vários textos do NT deixam entender que a figura de Jesus foi interpretada, por seus primeiros seguidores, como a encarnação do Messias combatente que, opondo-se ao Diabo na batalha escatológica, o destruiria com a força de sua palavra. Apresentaremos, em seguida, as passagens mais significativas para comprovar essa nossa afirmação.

3.1. *O relato da batalha escatológica na Fonte Q.* O texto tradicionalmente conhecido como "tentações de Jesus" (Q 4,1-13) sempre incomodou os exegetas, por misturar elementos históricos com elementos simbólicos e visionários. Por causa disso, ele recebeu as mais variadas interpretações (DUPONT, 1985: 112-123): há quem conceba como histórico o episódio das tentações, como realmente acontecido na vida de Jesus, e interprete o texto ao pé da letra; há, por sua vez, a interpretação simbólica e lendária, que considera o relato

---

quando o Filho desceria em carne e salvaria a humanidade. Adão e Eva morreram várias vezes, mas Deus os ressuscitou, deixando claro que retornariam à luz com a vinda de Cristo. Por treze vezes foram tentados por Satanás, que os enganou, aparecendo em figura de anjo, de velho, com promessas falsas ou em forma de luz luminosa. Esse texto está em: TRICCA, *Apócrifos*, v. II, pp. 27-131.

uma espécie de parábola sem fundamento histórico e com finalidade didática; por fim há uma posição intermediária, pela qual se trataria de uma experiência realmente acontecida na vida de Jesus, mas que é expressa numa linguagem imaginosa. Pela complexidade do texto fica difícil atribuir esse jogo de detalhes fantásticos à imaginação de toda uma comunidade popular. Trata-se provavelmente de uma precisa composição literária, dominada pela reflexão teológica.

Apresentamos a nossa tradução do texto de Q 4,1-13, evidenciando em negrito a possível reconstrução do original da Fonte Q, com os acréscimos da tradição lucana:

1. **Jesus**, pois, cheio do Espírito Santo, voltou do Jordão e **foi elevado no espírito numa situação de deserto**.

2. **quarenta** dias **ficou sendo tentado pelo diabo** e não comeu nada naqueles dias; e tendo chegado ao fim deles teve fome.

3. **Disse-lhe** então o diabo: **"Se és Filho de Deus, diz a esta pedra para que se transforme em pão"**.

4. **E respondeu contra ele Jesus: "Está escrito: não só de pão o homem viverá"**.

5. **E tendo-o levado, mostrou-lhe todos os reinos** da terra habitada num momento de tempo.

6. **E disse-lhe o diabo: "Darei a ti todo este poder e a glória deles**, porque a mim foi entregue e a qualquer um, se eu quiser, o dou.

7. Tu, portanto, se **prostrares perante mim**, será todo teu".

8. **E, respondendo, Jesus lhe disse: "Está escrito: tu adorarás o Senhor teu Deus e a ele só servirás"**.

9. Levou-o então aJerusalém e o pôs sobre a parte mais alta do templo e lhe disse: "Se és Filho de Deus, lança-te daqui abaixo:

10. está, pois, escrito que será ordenado aos teus anjos sobre ti que te protejam

11. e que sobre as mãos te carregarão, para que não tropece em alguma pedra o teu pé".

12. E respondendo mais alto, disse-lhe Jesus: "Está escrito: não tentarás o senhor teu Deus".

13. E tendo terminado toda tentação o diabo retirou-se dele.

A partir dessa tradução, iremos propor mais uma interpretação do texto anterior. Q 4,1-13 pode ser classificado no gênero literário "viagem pela terra", uma subcategoria da viagem celestial ou viagem extática (SCHIAVO, 2003: 82-116). Isso é evidente no uso do termo técnico do êxtase religioso (*ēgeto en tō pneumati*), cujo significado é "ser levado, transportado em espírito, arrebatado".[5] Nada a ver com o Espírito Santo que transporta Jesus, como foi posteriormente interpretado e traduzido. Pelo contrário, estamos diante de uma experiência espiritual, interior, vivida por Jesus, um verdadeiro êxtase, relatado sinteticamente nesse texto. Por conseqüência, também o deserto mencionado no texto (*em tē ēremō*, "no deserto") não é o deserto geográfico, mas uma situação de solidão, necessária para que o êxtase aconteça. O versículo Q 4,1 não traz, portanto, elementos históricos e geográficos, mas diz respeito a uma experiência mística e

---

[5] A mesma expressão, indicando o êxtase religioso que possibilita a viagem mística, aparece em outros textos de tradição apocalíptica: 1En 71,1.5; Asc.Is 6,9; Ez 3,14; Ap 1,10; 4,2; 17,3; 21,10.

extática. Priorizando critérios literários e semânticos (e não teológicos), sua tradução correta é esta: "Jesus foi elevado no espírito numa situação de deserto". O que vem em seguida representa o conteúdo da visão, nas três investidas de Satanás. Outros elementos simbólicos no relato da tentação (Q 4,1-13) corroboram essa nossa afirmação, como o deslocamento de um lugar para outro, o transporte corporal, a passividade do sujeito, a presença de anjos etc. O gênero literário "viagem celestial" se dá nos seguintes elementos: a santidade do viajante (Jesus), o ritual de preparação da viagem (o jejum, a solidão), o arrebatamento, o desaparecimento (os 40 dias no deserto), a subida para o céu, o acompanhamento por um anjo (Satanás era, pela tradição, um anjo decaído), a visão (no nosso caso, dos reinos terrestres), a volta à terra. Não há dúvidas de que o acontecimento relatado no texto seja uma experiência visionária, muito parecida àquelas dos visionários apocalípticos.

É significativo também que esse texto esteja colocado bem no início da Fonte Q, o que nos faz pensar num documento de clara orientação apocalíptica e não de sabedoria helenística ou cínica, como foi sustentado nestes últimos anos por vários exegetas,[6] pois a visão inicial, na literatura apocalíptica, se traduz sempre em normas sapienciais e éticas que visam à mudança de vida. É o que chamamos de "sabedoria apocalíptica", ou seja, a legitimação de normas éticas através da visão. Esse gênero literário, muito comum no judaísmo, representa um dos eixos hermenêuticos da literatura apocalíptica e deu vida a documentos de tipo diferentes, como os

---

[6] É a tese defendida nos últimos vinte anos por inúmeros pesquisadores de grande valor, sobretudo da América do Norte e Canadá, na chamada "Escola de Claremont": Crossan, M. Buck, Vaage, Kloppenborg, Robinson etc.

testamentos, as cartas, os apocalipses, os relatos de viagens e de visões, as parábolas etc.

Voltando para a visão de Q 4,1-13, é o conteúdo sua grande novidade: dois seres sobre-humanos enfrentando-se e desafiando-se: de um lado, Satanás, o opositor escatológico; do outro, Jesus que, por quanto afirmamos no capítulo III, pelos elementos angelomórficos que apresenta, pode ser entendido aqui como a encarnação da figura do anjo-chefe (Miguel, Melquisedec, ou o Filho do Homem). Jesus é questionado a demonstrar sua identidade de "Filho de Deus", por duas vezes (v. 3.9), através de dois sinais de conteúdo messiânico: o opositor está provavelmente testando seu poder, e, como já vimos, através de uma espécie de esconjuro (a repetição do nome do adversário), tentando neutralizá-lo. O ponto mais alto da contenda é, porém, o poder sobre os reinos. Na visão, os reinos, o poder e a glória pertencem a Satanás, que pode dá-los a Jesus, em troca de seu próprio culto (Q 4,5-8). Se nas viagens celestiais a finalidade era a visão do trono de Deus e sua adoração, aqui, vê-se o trono do Diabo que exige sua adoração. As partes parecem invertidas. Segundo a crença judaica, Deus dominava os céus, enquanto ao Diabo, depois de sua queda, fora reservado o domínio do firmamento e da terra: "Fora do âmbito dos sete céus, está o primeiro firmamento, onde residem as potestades que exercem sua atividade sobre os homens" (evangelho apócrifo de Bartolomeu 4,30), podendo interpretar as potestades como forças negativas (provavelmente os demônios). Também na Ascensão de Isaías (8,29) o firmamento é o lugar onde mora o Príncipe deste mundo, o poder do mal e da discórdia, marcado por combates sangrentos, "o reino da carnificina e das obras de Satã, da disputa e da discórdia" (7,9), numa palavra, "o mundo das dores" (7,12). O mesmo poder de Satanás sobre a terra se expressa também em Ap 12–13.

Vemos, portanto, que o real objeto da contenda entre Jesus, o Messias, e seu opositor, é a senhoria do universo: Jesus afirma que só Deus é o Senhor, inviabilizando assim as pretensões diabólicas.

Há, nas três investidas satânicas, uma estrutura concêntrica, em que a primeira e a terceira funcionam literariamente como uma inclusão, tendo no centro a afirmação mais importante: a visão do trono, da glória e do culto que se deve ao senhor da história. Visualizando, temos o seguinte esquema:

– pergunta sobre a identidade e proposta de transformar a pedra em pão;

– visão do trono, da glória, do culto;

– pergunta sobre a identidade e proposta de pular do templo.

As três investidas correspondem também aos três âmbitos de atuação específica de Satanás: a sedução mágica, o poder militar e a falsa religião. No mito da expulsão dos anjos vigilantes do céu para a terra, o Primeiro Livro de Enoque[7] afirma que eles ensinaram as maldades aos homens:

Azazel ensinou aos homens a confecção de espadas, facas, escudos e armaduras, abrindo os seus olhos para os metais e para a maneira de trabalhá-los. Vieram depois os braceletes, os adornos diversos, o uso de cosméticos, o embelezamento das pálpebras, toda sorte de pedras preciosas e a arte das

---

[7] Este mito é muito mais antigo que 1 Enoque (século II a.C.), sendo possível colocá-lo nos séculos VI-V a.C., na opinião de Sacchi, *L'apocalittica e la sua storia*, pp. 66s.

tintas. E assim propagava-se uma grande impiedade; eles promoviam a prostituição, conduziam aos excessos e eram corruptos em todos os sentidos. Semjaza ensinava os esconjuros e as poções de feitiços, Armaros, a dissipação dos esconjuros, Barakijal, a astrologia, Kokabel, a ciência das constelações, Ezekeel, a observação das nuvens, Arakiel, os sinais da terra, Samsiel, os sinais do sol e Sariel, as fases da lua (1En 8).

A arte da guerra (poder político), a sedução sexual (braceletes e embelezamento do corpo) e a religião mágica (esconjuros, feitiço e astrologia) são os males atribuídos aos anjos que se tornaram demônios. Mesmo que em palavras diferentes, as três referências aparecem novamente no Documento de Damasco (século I a.C.), na imagem das redes de Belial:

> São três as redes de Belial, sobre as quais falou Levi, filho de Jacó, nas quais captura Israel e as faz aparecer diante deles como três espécies de justiça. A primeira é a fornicação; a segunda, a riqueza; a terceira, a contaminação do templo. O que escapa de uma é capturado na outra, e o que é resgatado desta é capturado na outra (4,15-19).

Por fim, na Ascensão de Isaías,[8] a atuação de Belial, agora historicizado na figura do imperador Nero, dá-se nos mesmos três âmbitos: sinais prodigiosos, culto próprio e a mesa, referente, talvez, ao sacrifício no templo:

> Belial, o grande anjo, o rei deste mundo desde a sua criação, Belial, digo eu, descerá do seu firmamento sob a forma de um homem e de um rei ímpio, assassino da própria mãe, de um rei deste mundo. E ele arrancará, do meio dos doze

---

[8] Apócrifo do AT com interpolações cristãs, composto provavelmente entre o século I e o II d.C.

apóstolos, a planta que eles criaram, e ela cairá em suas mãos. E com este anjo Belial, com este rei ímpio, virão todas as potências deste mundo que farão todas as suas vontades. A seu comando, o sol brilhará no meio das trevas da noite e a lua aparecerá na décima primeira hora. E ele, neste mundo, terá o que quiser e insultará o Bem-amado e lhe dirá: "Eu sou Deus, e não houve outro antes de mim". E todo homem, neste mundo, acreditará nele. Oferecer-lhe-ão sacrifícios e dirigir-lhe-ão um culto de adoração, dizendo: "Ele é Deus, o único, e não há nenhum outro". E a maioria dos que se reuniram para receber o Bem-amado se voltarão para Belial, cujo poder será exercido através de prodígios nas cidades e nos campos. E em todo lugar ser-lhe-á posta uma mesa. E o seu domínio será de três anos, sete meses e vinte e sete dias. [...] E após trezentos e trinta e dois dias, o Senhor virá com seus anjos e as santas potências do sétimo céu; ele virá no esplendor do céu, e precipitará na Geena Belial e seus anjos (Asc.Is. 4,2-14).

O mesmo pode ser encontrado na descrição do Dragão e das Bestas do Apocalipse (12–13).

Resumindo: o poder do Diabo é total nos três âmbitos que lhe são próprios, e que estão presentes também no texto de Q 4,1-13: a sedução pelo maravilhoso (transformar a pedra em pão), a religião mágica (pular do templo) e o poder cultuado. O opositor desafia o Messias no seu próprio campo, mas acaba sendo derrotado.[9]

Se o Diabo desafia Jesus como Messias celeste quanto ao domínio sobre a terra e se a questão está relacionada aos âmbitos específicos de sua atuação, significa que estamos diante da batalha escatológica. Q 4,1-13 é, portanto, o relato,

---

[9] Para aprofundar o tema, ver meu artigo "As três redes de Satanás".

mesmo que sintético, da batalha escatológica, e Jesus é o agente celestial da salvação enviado por Deus para derrotar seu opositor.

A batalha não é militar, mas pela palavra: os oponentes se enfrentam e desafiam num debate típico do contexto jurídico, em que a palavra tem sua própria magia. Jesus responde às investidas do adversário sempre citando a Bíblia: "Está escrito...". Para ele a fidelidade à lei é essencial e instrumento de derrota de Satanás. As citações são tiradas de Dt 6–8, o coração da lei, que afirma o conceito da unicidade de Jahvé e da eleição de Israel. O Diabo também cita o Sl 91,11-12 na terceira investida, talvez por estar este salmo relacionado à proteção divina que chega a "carregar sobre as mãos" seus escolhidos (Ex 14,19; 23,20.23; 32,2.34; Dt 1,30-31) e por Deus ser invocado, no início do salmo, com os apelidos de "Altíssimo" (*elyhon*, literalmente "o Deus de cima") e de "Onipotente" (*shāddāy*, literalmente "o mais potente"). Citar o salmo 91, no ponto mais alto do templo, representa um desafio de quem na terra é o mais poderoso: Deus ou o Diabo? A ambição do Diabo é total e bem se aplica a ele a exortação de 2Ts 2,3-4:

> Não vos deixeis enganar de modo algum por pessoa alguma; porque deve vir primeiro a apostasia, e aparecer o homem ímpio, o filho da perdição, o adversário, que se levanta contra tudo que se chama Deus, ou recebe um culto, chegando a sentar-se pessoalmente no templo de Deus, e querendo passar por Deus.

Os primeiros cristãos, que produziram a Fonte Q, acreditavam que Jesus era o agente escatológico da salvação, o Messias com traços angelicais, que já derrotara Satanás na batalha escatológica, por sua fidelidade à lei, inaugurando o tempo final. Por isso a Fonte apresenta, após esse relato, várias normas éticas que, no entendimento dos redatores, garantem a construção e a manutenção da comunidade escatológica. A radicalidade dos ditos de Q se justifica pelo convencimento de estar vivendo a fase final da história, quando o velho é superado e faz-se necessária uma tomada de decisão definitiva, pois o tempo novo chegou.

Temos certeza de que o relato de Q 4,1-13 é uma peça fundamental para entender o surgimento da cristologia no NT, pois representa um dos elos de junção com as tradições messiânicas judaicas. Trata-se de um texto rico em simbologia, difícil de caracterizar num único esquema literário, pois mistura elementos jurídicos, simbólicos, visionários e míticos. De certa forma, encontramos aqui alguns elementos do imaginário primitivo sobre a figura de Jesus. Mas sobre isso iremos nos debruçar no capítulo VI.

3.2. A tradição do Jesus Messias combatente penetra, na *tradição sinótica*, na imagem de Jesus taumaturgo e exorcista e nos relatos da paixão.

O anúncio da chegada do Reino de Deus representa, na tradição de Marcos (1,15), o proclama da derrocada do império das trevas. O conflito com o Diabo se faz visível na tradição taumatúrgica, pela qual Jesus operou vários milagres de cura e alguns exorcismos. Em ambos os casos, a possessão demoníaca é responsável pelo mal que afeta a pessoa (SCHIAVO & SILVA, 2000: 49-67): através da cura, Jesus revela seu poder acima das forças do mal e liberta as pessoas do seu domínio. O enfrentamento com o Diabo se torna manifesto nas falas dos demônios e dos espíritos impuros durante os exorcismos de Jesus: "Que queres de nós, Jesus nazareno? Vieste para arruinar-nos? Sei quem tu és: o santo de Deus" (Mc 1,24); e: "Que queres de mim, Jesus, filho do Altíssimo? Conjuro-te por Deus que não me atormentes" (Mc 5,7). Novamente, a pronúncia do nome do adversário é usada como esconjuro para neutralizar seu poder. Com Jesus, porém, este estratagema não funciona, pois ele é o mais forte.

Mas, para os sinóticos, será sobretudo na cruz que Jesus derrotará definitivamente seu adversário. O evangelista Lucas, no final do relato da tentação de Jesus, tinha acrescentado que "o Diabo deixou Jesus até o tempo oportuno" (4,13). Ora, o "tempo oportuno" é a paixão, quando Lucas atribui a decisão de matar Jesus à ação do Diabo: "Satanás entrou em Judas, chamado Iscariotes, do número dos doze. E ele foi conferenciar com os chefes dos sacerdotes e com os chefes da guarda sobre o modo de lho entregar" (Lc 22,3-4). Assim, a morte de Jesus é obra do Diabo, que age por seus intermediários: Judas e os chefes dos judeus.

Além disso, a narrativa da paixão, morte e ressurreição de Jesus, na tradição do Novo Testamento, está construída, literariamente, na estrutura do mito do combate, fato que vem confirmar a idéia da batalha escatológica:

- a paixão entendida como contenda final entre os dois opositores;
- a morte do herói, entendida como parcial derrota;
- sua descida aos ínferos (Ef 4,9; 1Pd 3,19);
- a presença de mulheres na sua volta à vida (Maria Madalena e as outras mulheres: Jo 20,11-18 e paralelos);
- a vitória definitiva sobre o caos e o Diabo ("pôs todos os seus inimigos debaixo de seus pés" 1Cor 15,25);
- a entronização como rei do universo (Fl 2,9-11).

3.3. Por fim, a tradição de Jesus, combatente celestial pela força de sua palavra, aparece em outros textos do *Novo Testamento*:

- Ap 2,16: onde a espada que sai da boca é instrumento para combater os nicolaítas da Igreja de Pérgamo: "Converte-te, pois! Do contrário, virei logo contra ti, para combatê-los com a espada da minha boca";

- Ap 11,5: na descrição das duas testemunhas, onde se diz que "caso alguém queira prejudicá-las, sai de sua boca um fogo que devora seus inimigos; sim, se alguém pretendesse prejudicá-las, é desse modo que deveria morrer". O contexto é da construção do novo templo, a Igreja, e de julgamento e punição de quem atrapalhasse esse projeto;

- Ap 19,1-16: o motivo da espada afiada e do julgamento pela palavra aparece novamente na visão do cavaleiro no cavalo branco, no contexto do primeiro combate escatológico, de cuja boca "sai uma espada afiada para com ela ferir as nações". Nesse texto, a relação entre espada afiada e palavra é evidente no nome dado ao cavaleiro: "Verbo de Deus", título cristológico típico da literatura joanina. A palavra proferida pelo Messias é como uma espada afiada que penetra a fundo, revelando, separando e condenando o mal;

- a força da palavra na destruição do mal e dos maus aparece em 2Ts 2,7-8, onde se descreve a destruição do ímpio: "Pois o mistério da impiedade já está agindo, só é necessário que seja afastado aquele que ainda o retém. Então, aparecerá o ímpio, aquele que o Senhor destruirá "com o sopro de sua boca", e o suprimirá pela manifestação de sua vinda".

Atrás dessas imagens está a certeza das comunidades de que chegou o julgamento (1Pd 4,17) que inaugura o tempo escatológico. A espada está ligada à idéia de violência e de vingança no AT e é a única arma usada por Cristo na destruição de seus inimigos.

Para os primeiros seguidores, Jesus é a figura messiânica dos últimos tempos, com traços divinos, e cuja função é proteger as comunidades (as sete estrelas na mão direita, na visão inicial do Filho do Homem em Ap 1,16), julgar o mal (espada de sua boca), salvar os eleitos e inaugurar o reinado de Deus.

A espada de dois gumes, segundo Hb 4,12-13, representa o julgamento escatológico:

> Pois a palavra de Deus é viva, eficaz e mais penetrante do que qualquer espada de dois gumes; penetra até dividir alma e espírito, junturas e medulas. Ela julga as disposições e as intenções do coração. E não há criatura oculta à sua presença. Tudo está nu e descoberto aos olhos daquele a quem devemos prestar contas.

É na fidelidade à lei que se decide a sorte do fiel. Essa imagem remete a um cristianismo ainda de matriz judaica, da primeira metade do século I d.C., quando o debate religioso entre os vários movimentos de reforma judaicos girava ao redor da interpretação da lei. O movimento cristão inicial, que começa com a Fonte Q e vai até o evangelho de Mateus,[10]

---

[10] O evangelho de Mateus foi composto, provavelmente, na Galiléia, no final do século I, apresentando semelhanças temáticas com a Fonte Q, mesmo que o contexto histórico e social seja bastante diferente (cf. OVERMANN, *O evangelho de Mateus e o judaísmo formativo*).

reivindicava para si a verdadeira e autêntica interpretação da lei, legitimando sua postura no fato de considerar Jesus o verdadeiro profeta dos últimos tempos, cuja sabedoria é maior que a de Salomão (Q 11,31) e cuja lei vem completar a lei de Moisés (Mt 5–7). Esse debate vai até o final do século I d.C., quando o judaísmo rabínico, numa postura radical, escolhe a orientação definitiva do judaísmo. O movimento cristão, que já se tornou cristianismo, inserido em outros contextos sociais e culturais, tem de se concentrar em outras questões, relacionadas à estruturação interna das comunidades e à formulação de seu depósito doutrinário, sobretudo a cristologia.

Capítulo V

Jesus, juiz escatológico

A figura de "um como Filho do Homem" era muito familiar na literatura apocalíptica do século I de nossa era, estimulando expectativas do julgamento final (Dn 7,13-14), da chegada do Messias celestial (1En 37–71) e do guerreiro escatológico-político (4Esd 13). A expressão pode ressaltar a "fraqueza" dessa figura, comparada a um homem concreto, com sua natureza celestial e elevada. No homem concreto, Jesus de Nazaré, os seus discípulos enxergaram algo celestial, divino, a encarnação da figura messiânica do Filho do Homem.

1. Jesus: o Filho do Homem

A identificação de Jesus com a figura do Filho do Homem é muito antiga, sendo talvez este o primeiro título cristológico atribuído a ele. Encontramos as primeiras atestações de Jesus como Filho do Homem na Fonte Q, o primeiro documento literário de matriz cristã, ambientado na Galiléia entre os anos 40-55 d.C., no qual há várias referências explícitas ao Filho do Homem (Q 6,22; 11,29; 12,10; 12,40; 17,23; 17,30; 17,37), e em dois casos (Q 7,34; 9,58) Jesus atribui o título a si mesmo.

As afirmações sobre Jesus, em Q, são de grande significância para o surgimento e o desenvolvimento da cristologia posterior. A ênfase de Q é na pessoa de Jesus, pois nele o Reino de Deus se faz presente na história.

Em Q, são atribuídos a Jesus os títulos de *o que vem*, *Filho de Deus* e *Filho do Homem*, especificando cada qual um tipo diferente de concepção:

a) *O que vem* é um apelido escatológico sugerido por João Batista (3,16; 7,19). Em Q 13,34-35 tem o sentido messiânico de reunir os filhos de Israel, atributo escatológico de Deus (Is 40,11; 54,7; 56,8; 66,18; Jr 23,3; 29,14; 31,8.10; 32,37) e do Messias davídico (Is 11,12). A vigilância é atitude indispensável e necessária em relação ao "bendito o que vem no nome do Senhor" (13,35), pois virá como ladrão, na hora não prevista (12,39-40). O importante é não se deixar enganar por falsos avisos: "Eis aqui [...] eis ali" (17,23), mas estar preparados, pois "virá como um relâmpago" (17,24). E ele julgará as obras de cada um (19,12-26). Tal título possui, portanto, uma valência messiânica e escatológica.

b) *Filho de Deus* está relacionado às promessas davídicas, ao descendente de Davi que reinará para sempre no trono de Israel e a quem será dado o nome de *filho* (2Sm 7,14). Em Q aparece somente num dito: "Tudo me foi entregue por meu Pai, e ninguém conhece o Filho senão o Pai, nem ao Pai senão o Filho e aquele a quem o Filho quiser revelar" (Q 10,22). Esse dito está inserido num contexto de revelação, em que Jesus, num momento de intimidade, agradece o Pai por ter ocultado "estas coisas" aos sábios e entendidos e tê-las revelado aos inocentes (10,21). Nada impede que Jesus tenha uma relação especial com o Deus de quem se considera filho: sua função messiânica e sua natureza divino-angelical justificam isso. Além disso, no final dos tempos, o lugar do Messias é no trono, à direita de Deus (Fl 2,9-11; Ef 4,8-10;

1Pd 3,22; Ap 5,11-13), naquele que foi o lugar de Davi, que se considerava "Filho de Deus".

c) *Filho do Homem* é o título mais importante para os primeiros seguidores de Jesus. Há dez ditos, em Q, sobre o Filho do Homem. O redator identifica a pessoa histórica de Jesus com o Filho do Homem. Como João, que não comia nem bebia e foi rejeitado, assim Jesus: "Veio o Filho do Homem comendo e bebendo, e dizeis: 'Olhai um comilão e beberrão, amigo dos que cobram impostos e de pecadores'" (7,34). O próprio Jesus aplica a si esse título, respondendo a quem queria segui-lo: "As raposas têm suas tocas e as aves do céu, seus ninhos, mas o Filho do Homem não tem onde recostar a cabeça" (9,58). Em outra ocasião, ele se compara a Jonas, recusando comprovar sua autoridade através de sinais:

> Esta geração é geração má; busca um sinal e não lhe será dado um sinal, senão o sinal de Jonas. Pois como Jonas [...] assim será também o Filho do Homem [...]. A rainha do sul se levantará no juízo com esta geração e a condenará, porque veio do extremo da terra para escutar a sabedoria de Salomão, e eis aqui, algo maior que Salomão está aqui. Os homens de Nínive levantar-se-ão no juízo com esta geração e a condenarão, porque arrependeram-se com a pregação de Jonas, e eis aqui, algo maior que Jonas está aqui (11,29-32).

Assim como Salomão e Jonas foram sinais para seu tempo, agora é Jesus, o Filho do Homem, o grande sinal escatológico, diante do qual tem de se tomar uma decisão. O fato de Jesus aplicar a si mesmo o título de Filho de Homem e declarar-se superior a Salomão e a Jonas é o sinal mais evidente da chegada do tempo do fim, o *eschaton*, por ser ele o Messias, o juiz celestial que veio para salvar ou condenar. Tal consciência é evidente no fato de que também nos demais textos do NT se fala do Filho do Homem como de uma pessoa bem definida e cuja identidade é conhecida; enquanto nos textos apocalípticos a alusão é sempre genérica: "Um como um Filho do Homem". Além disso, na Fonte Q a ênfase de tal título é no presente e no futuro, e Jesus é ao mesmo tempo *homem* presente e futuro, conectando a escatologia presente e a escatologia futura (THEISSEN & MERZ, 1999: 664-670).

O Filho do Homem tem função de juiz escatológico, por isso ele vem como um ladrão, quando menos esperamos (12,40); como um relâmpago (17,24); é comparado ao tempo de Noé: "Pois como no tempo de Noé, assim será a vinda do Filho do Homem. Comiam, bebiam, casavam-se, davam-se em casamento, até o dia em que Noé entrou na arca, e veio o cataclismo e todos pereceram" (17,26-27). Do mesmo modo vai acontecer nos tempos finais: "Assim será também quando vier o Filho do Homem. Dois (homens) estarão num banco; um será arrebatado e outro será deixado. Duas (mulheres) estarão moendo juntas: uma será arrebatada e a outra será deixada" (17,30-35).

O grupo de Q tinha consciência da chegada dos últimos tempos: isso está evidente na presença de João, o batizador, descrito como o profeta dos últimos dias (Ml 3,1), e na linguagem de sua pregação, cheia de imagens de cunho claramente escatológico (a ira que vai vir, o arrependimento, o machado na raiz das árvores, e sobretudo a pá, a eira e o fogo do julgamento, 3,7-17). Os milagres de Jesus também apontam para o tempo do fim, quando os males físicos e morais que afligem a humanidade e tradicionalmente atribuídos à ação do Diabo e dos espíritos maus são superados e vencidos (7,18-22) (SCHIAVO & SILVA, 2000: 47-66).

A consciência da chegada próxima do Senhor é comparada à parábola do dono da casa que na sua volta encontra tudo em ordem, da maneira como tinha confiado aos seus servos (12,42). As pessoas devem aprender a julgar o tempo em que estão vivendo, assim como sabem julgar os sinais atmosféricos (12,54-56). A parábola do convite ao banquete (imagem escatológica) também aponta para a decisão; quem recusar ficará de fora (14,16-23).

A ênfase do ensinamento escatológico de Jesus está no olhar para as pequenas realidades, para o minúsculo e o escondido, como o fermento na massa e o grão de mostarda (13,18-21), que, pelo seu dinamismo, crescem e transformam a realidade toda, contra a tentação de se conformar com essa situação e pensar que nada de novo vai acontecer (12,45s).

Nos sinóticos e nos demais escritos do NT, o título Filho do Homem continua sendo aplicado a Jesus. Aparece sobretudo nas profissões de fé e nas visões:

- Mc 8,38: na confissão de fé de Cesaréia de Felipe e no contexto do primeiro anúncio da paixão e das condições para seguir Jesus;

- Jo 9,35: na pergunta de Jesus ao cego que havia curado: "Crês no Filho do Homem?";

- Jo 12,34: na pergunta da multidão a Jesus: "Quem é este Filho do Homem?", dentro do contexto do anúncio de sua morte;

- At 7,56: na visão de Estêvão logo antes de ser apedrejado;

- Ap 1,13 e 14,14: nas visões em que o Filho do Homem aparece entronizado nas nuvens, como o juiz escatológico.

A ligação entre Jesus e o Filho do Homem, portanto, é de grande importância para a nossa pesquisa: nela se revela a crença dos primeiros seguidores em Jesus Messias e juiz escatológico. A seguir, aprofundaremos mais ainda essa idéia.

2. A lei, arma de salvação e instrumento de condenação

Na pessoa de Jesus, o mistério de Deus escondido se tornou evidente (Q 12,2-3), e se inaugura o tempo final. Por isso, reconhecer Jesus como o Filho do Homem é a afirmação central desse novo tempo: "Todo o que me reconhecer diante das pessoas, o Filho do Homem o reconhecerá também diante de [...] Deus. Mas o que me negar diante das pessoas será negado diante de [...] Deus" (12,8-9); E, como o Jesus terreno foi rejeitado por "esta geração" (7,34; 9,58), também para os primeiros discípulos dele, reconhecê-lo como o Filho do Homem será motivo de rejeição (6,22), perseguição (12,11) e até de morte (12,4). Mas "quem não carregar sua cruz e me seguir não pode ser meu discípulo" (14,27).

O título Filho do Homem, em Dn 7, está relacionado à função escatológica do julgamento, entronização e reinado sobre todos os povos. Sua arma é a palavra da lei, que, na visão do 4Esd 13, é representada no fogo que sai da boca do Messias-guerreiro e queima seus inimigos (13,9-11). É uma clara imagem messiânica. Mesmo não aparecendo o termo técnico *Messias/cristo* na Fonte Q, o messianismo da figura do Filho do Homem, explícito em documentos posteriores (como o 4Esdras do final do século I), está implícito nas imagens do enfrentamento com o Diabo e no uso da palavra/lei como arma de sua vitória.

Em Q, há três ditos que falam explicitamente da lei:

Desde [um tempo] o Reino de Deus [...] violência e [...] ela [...] a lei e os profetas até João [...]. Mas é mais fácil passar o céu e a terra do que ser eliminado um traço da lei. Todo o que se divorciar de sua mulher [...] comete adultério, e o que se casar com uma mulher divorciada comete adultério (16,16-18).

Mesmo que a reconstrução desses ditos seja bastante debatida, encontramos aqui uma afirmação clara de que a lei deve ser obedecida mais rigorosamente do que alguns judeus que apelam a certas saídas, como a regulamentação sobre o divórcio. Tal interpretação é confirmada em Qumran, onde se condena como fornicação quem "toma duas mulheres" (CD 4,20–5,1). Com a chegada de Jesus, a lei volta ao seu radicalismo. Isso é confirmado nos seis "Ais" contra os fariseus, condenados por uma prática exterior da lei, não assumida na sua totalidade (11,39-52). Quanto aos ditos sobre pureza (11,39-41), parecem ser mais uma metáfora sobre a situação moral das pessoas (os fariseus) envolvidas com roubos, maldades e injustiças.

Insiste-se, em Q, na prática da lei, pois não adianta chamá-lo "Senhor, Senhor", e não fazer o que ele diz: seria como construir sua própria casa na areia (6,46-49). A lei deve ser assumida na sua integridade, pois "é mais fácil passar o céu e a terra do que ser eliminado um traço da lei" (16,17). Frutos têm de ser produzidos, e frutos bons (3,9; 6,43), de arrependimento (10,13; 11,32), prestando conta do que foi recebido (19,12-26). Os seguidores de Jesus não podem se igualar por baixo aos gentios, nem aos cobradores de impostos: eles têm de ser iguais ao Pai do céu que "faz seu sol sair sobre os maus e sobre os bons" (6,35), e devem fazer aos outros o mesmo que desejam que eles lhes façam (6,31). Quem não entrar nessa lógica será considerado desconhecido; e a porta da casa (no sentido escatológico) não se abrirá para ele (13,25-27). Contra eles será a punição escatológica pela rejeição do reino, e nada resta a não ser a inevitabilidade do julgamento e da punição escatológicos.

A obediência à lei possibilitava a superação dos conflitos diários que o povo enfrentava com os judeus, e sobretudo a vitória sobre o mal, prefigurada na ação de Jesus contra o Diabo (Q 4,1-13). Assim, a obediência produz amor pelos inimigos (6,27-28), misericórdia (6,36), não-julgamento (6,37), perdão das dívidas (11,4), perdão ao irmão (17,3-4), fidelidade, como o sal que conserva seu sabor (14,34), superação do medo de perder a própria vida (17,33) etc.

Burton Mack apresentou uma sugestiva interpretação da centralidade da lei em Q e no primeiro movimento cristão. Para ele, no contexto posterior à grande guerra judaica, quando a comunidade de Q permanecia comprometida na sua reivindicação de representar o Reino de Deus, o movimento decidiu

> retirar-se do conflito social para cuidar da própria integridade ética, as palavras de Jesus aparentemente se mostraram insuficientes como guia de conduta. Assim como as Escrituras já tinham sido usadas na reivindicação épica de Israel, elas eram agora consideradas como conjunto de diretrizes éticas adequado ao Reino de Deus (MACK, 1994: 169-170).

Isso representou, segundo o autor, uma "atraente solução" e o mais antigo sinal da acomodação da lei judaica no interior do movimento de Jesus, pelo qual a catástrofe da destruição de Jerusalém foi vista como conseqüência da inobservância da lei por "esta geração". O limite dessa hipótese é a datação posterior ao 70 d.C. e o fato de que a lei era importante também nesse período, não só no movimento de Jesus, como também em Qumran.

O Filho do Homem desponta no horizonte dos primeiros seguidores de Jesus como a figura que veio inaugurar o tempo escatológico, afirmando que o critério do julgamento final, da salvação ou da condenação, será a obediência integral à lei de Deus. Jesus, que na sua pregação e prática entrou em conflito direto com os responsáveis pela reta interpretação da lei, ergue-se como o juiz escatológico, na figura do Filho do Homem, que julgará a humanidade.

A condenação dos "donos da lei" é categórica e sintomática, porque eles não praticam os preceitos da lei (11,46), perseguem e matam os profetas (11,47-48) e têm as chaves do conhecimento, mas não entram nem permitem aos outros entrar (11,52). O castigo será terrível: "Vossa casa está abandonada!" (13,35), e a revelação de Deus lhes será ocultada para ser entregue aos pequenos (10,21).

Capítulo VI

O Cristo Vitorioso –
O começo da cristologia

Na Fonte Q, a vitória de Jesus sobre o império do mal é relatada em 4,1-13, texto que se tornou fundamental para entendermos o pensamento e a fé dos primeiros cristãos, ainda de tradição judaica. Literariamente, o texto oferece uma representação fantástica do enfrentamento entre Jesus e Satanás, num conjunto de várias imagens que vão além da esfera terrestre. É nossa intenção trabalhar agora essas imagens, no intuito de reconstruir alguns dos elementos que compõem esse imaginário fantástico.

1. A imagem do Jesus Vitorioso

Q 4,1-13 é um texto de matriz claramente apocalíptica. Reúne elementos visionários, históricos, simbólicos e teológicos. É praticamente impossível afirmar onde, quando e como teve origem; como também dizer se a visão é atribuída ao próprio Jesus ou a alguém da comunidade dos seus seguidores. Nela já há uma cristalização da linguagem mítica.

A narrativa está estruturada em três cenas: na primeira (2b-4: transformar as pedras em pães) e na terceira (9-12: ser salvo pelos anjos depois de ter-se jogado do ponto mais alto do templo), Jesus é desafiado quanto à sua identidade de

Filho de Deus; na segunda, o que está em jogo é a senhoria do universo. Analisaremos em seguida cada cena, buscando reconstruir o sentido de cada símbolo e de cada afirmação.

1.1 Primeira cena (Q 4,2b-4)

Transformar pedras em pães era reconhecido como o sinal dos últimos tempos e que só o Messias poderia realizar. Esse seria o grande sinal revelador de sua identidade e que o colocaria na tradição dos grandes profetas do passado: de Moisés, que deu o maná ao povo no deserto (Ex 16), de Elias (1Rs 17), de Eliseu (2Rs 4); do pão de graça, que, com vinho e leite, são a promessa para os últimos tempos, em Is 55,1-2; assim como o banquete escatológico que Deus preparará no alto monte para todos os povos (Is 25,6s; Mt 22,2-10 e Lc 14,14.16-24). Também a abundância da comida é sinal escatológico: no 4Esdras fala-se de "paraíso das delícias" (7,2), onde "foi preparada a delícia" (8,52) que pode ser interpretada como fartura e abundância. Nas aparições do ressuscitado, não é por acaso que pão e peixe são oferecidos à comunidade dos discípulos, como a comida típica dos últimos tempos (Jo 21), e até hoje a partilha do pão no culto cristão está ligada à memória da páscoa e ao anúncio do futuro escatológico. No evangelho de João, depois da multiplicação dos pães (com sobra de doze cestos de pedaços de pão), o povo reconhece em Jesus "o profeta que deve vir ao mundo", e vai buscá-lo para fazê-lo rei, proposta que ele rejeita (Jo 6,14-15). O sinal da transformação da pedra em pão revelava, portanto, a identidade do esperado para os últimos tempos.

Respondendo ao Diabo: "não só de pão o homem viverá" (Q 4,4), Jesus confirma sua autocondição divina. Os alimentos dos anjos eram diferentes dos alimentos dos homens. Em José e Aseneth, um apócrifo judaico do século

I d.C. que narra a história do casamento de José no Egito, o arcanjo Miguel toma com sua própria mão e come uma porção de um favo de mel que ele havia trazido para Aseneth e que ele descreve assim:

> Esse favo é na realidade o espírito da vida, e foi preparado pelas abelhas do paraíso das delícias, extraído do orvalho e das rosas do paraíso de Deus, bem como todas as suas outras florações. Dele se alimentam também os anjos e todos os escolhidos de Deus, e todos os que são seus filhos. Aquele que dele comer não morrerá para todo o sempre (16,7).

E na Vida de Adão e Eva, outro apócrifo judaico redigido provavelmente entre 20 e 70 d.C., depois da expulsão do paraíso, Adão e Eva estão com fome, mas "não encontraram nada parecido àquilo que tinham no paraíso; encontraram, pelo contrário, a comida com a qual se nutriam animais e feras" (4).

Portanto, quando Jesus recusa transformar pedras em pães, ele na realidade está também afirmando que sua comida é diferente, pois um ser divino nunca iria comer pão como os homens.

Não comer pão ou outra comida terrena é atitude típica dos seres celestes e também dos homens que têm experiências extáticas. Abraão, viajando em companhia do anjo Javel até o trono de Deus, declara:

> Assim nós partimos e juntos permanecemos durante quarenta dias e quarenta noites. Não comi pão, nem bebi água, porque o meu alimento era contemplar o anjo que estava comigo, e a minha bebida era a sua palavra (Ap.Abr. 12,1).

Nessa primeira cena, Jesus não tem necessidade de mostrar quem ele é através de um grande sinal messiânicoescatológico, pois por sua natureza de Filho de Deus não precisa de pão como os homens, porque seu alimento é contemplar o Altíssimo e realizar sua vontade.

1.2 Terceira cena (Q 4,9-12)

Essa cena, paralela à primeira, está localizada no templo, lugar de aparição do Messias (Ml 3,1). Para a cosmovisão do Oriente Médio, o templo é sinal, na terra, de domínio no céu.

A tradição mitológica de Ugarit (II milênio a.C.) contribuiu bastante na formação do imaginário judaico.[1] Como o monte Zafon, perto de Ugarit, era o sinal do domínio de Ba'al, o monte Sião se tornou a morada de Jahvé na terra, com a construção do templo a ele dedicado (Sl 47; 48; 68).

Pular do ponto mais alto do templo e não morrer tem uma interessante referência ao profeta Elias no Livro de Enoque: no contexto da descrição da infidelidade dos israelitas que matavam os profetas representados por ovelhas, diz-se: "E uma delas (Elias) se salvou e não foi morta, pulou e gritou contra as ovelhas (porque) queriam matá-la, e o Senhor das ovelhas a salvou das mãos das ovelhas e a fez subir e ficar perto de mim" (1En 89,52). É o tema da proteção divina relacionado ao profeta escatológico.

O contexto dessa terceira cena é novamente o questionamento sobre a identidade de Jesus: "Se tu és Filho de

---

[1] Os salmos trazem muitas imagens mitológicas de Ugarit, aplicadas agora a Jahvé. No Sl 18, por exemplo, descreve-se Jahvé como o deus da tempestade: "Ele inclinou o céu e desceu, tendo aos pés uma nuvem escura; cavalgou um querubim e voou sobre as asas do vento [...]. Jahvé trovejou no céu, o Altíssimo fez ouvir sua voz, atirou suas flechas e os dispersou, expulsou-os, lançando seus raios [...]" (vv. 10-11.14-15). O mesmo acontece no Sl 77; 83; 93; 97; 104, 144; 147. No Sl 29 (e em muitos outros), faz-se referência ao seu templo na terra: "E no seu templo tudo grita 'Glória!'. Jahvé está sentado sobre o dilúvio, Jahvé sentou-se como rei para sempre [...]" (vv. 9-10).

Deus..." relacionado agora à proteção de Deus e dos anjos. O templo como cenário do desafio leva a pensar que o verdadeiro questionamento do Diabo seja o poder no templo e, portanto, na terra, uma vez que ele parece reivindicar ser dono do templo. Jesus tem de demonstrar que é o Messias celestial, chefe dos anjos, Filho de Deus, o profeta escatológico, pulando desse lugar e sendo salvo por Deus através dos seus anjos.

1.3 Segunda cena (Q 4,5-8)

Nessa cena, Satanás se declara senhor dos reinos da terra e exige seu próprio culto e adoração. Para Jesus, o único Senhor é Deus, no céu como na terra, e só a ele se presta culto.[2] Esta imagem lembra, mesmo que de forma um pouco estranha, as grandes visões do trono e do culto prestado a Deus na literatura de viagem celestial, nas quais o viajante era admitido, depois de longa viagem extática, passando pelos vários céus, à visão do trono de Deus e do culto que os anjos lhe prestavam sem interrupção (1En 17–37; Ap 4–5 e outros).

Há nessa imagem uma lembrança muito interessante da Vida de Adão e Eva,[3] quando o Diabo diz a Adão:

"Oh! Adão, toda a minha inimizade, inveja e mágoa tem relação contigo, desde que por tua causa fui expulso e privado de minha glória que eu tinha nos céus no meio dos anjos, e por tua causa eu fui expulso para a terra". Adão respondeu: "O que eu te fiz e qual minha culpa em relação a ti? Não te

---

[2] Segundo Käsemann, uma das questões centrais da apocalíptica é saber de quem é este mundo: de Deus ou dos poderes maus que subjugam e deformam a vida humana na terra? (KÄSEMANN, on the subject of primitive Christian apocalyptic).

[3] Apócrifo do AT, composto talvez em Alexandria entre o século I a.C e o I d.C.

prejudicamos em nada nem te ofendemos: por que tu nos persegues?" O Diabo replicou: "Adão, o que tu estás me dizendo? É por tua causa que eu fui expulso de lá. Quando tu foste criado, eu fui expulso da presença de Deus e tirado do grupo dos anjos. Quando Deus soprou em ti o hálito da vida e teu semblante e semelhança era feito à imagem de Deus, Miguel te trouxe e nos fez te adorar na presença de Deus, e o Senhor Deus disse: 'Olha Adão! Eu te fiz em nossa imagem e semelhança'". E Miguel foi e chamou todos os anjos, dizendo: "Adorem a imagem do Senhor Deus, como o Senhor Deus ordenou". E o próprio Miguel adorou primeiro, e chamou o Diabo, dizendo: "Adora a imagem de Deus, Jahvé". Mas ele respondeu: "Não vou adorar Adão!". E quando Miguel tentou forçá-lo a adorar, ele lhe disse: "Por que tu me obrigas? Eu não vou adorar um inferior e posterior a mim. Eu fui criado antes dele; antes que ele fosse feito, eu já era feito. Ele é que deve me adorar!". Quando eles ouviram isso, outros anjos que estavam com o Diabo se recusaram a adorar. E Miguel declarou: "Adora a imagem de Deus. Mas se agora tu não vais adorá-la, o Senhor Deus irá ficar irado contigo". Mas ele respondeu: "Se ele ficar irado comigo, eu colocarei meu trono acima das estrelas do céu e eu serei como o Altíssimo". E o Senhor Deus ficou irado com ele e o expulsou com seus anjos para fora da glória. "E por tua causa, nós fomos expulsos da nossa morada para este mundo e fomos jogados para a terra" (12–16).

Nesta cena, como em Q 4,5-8, encontramos novamente a tentativa do Diabo de exigir seu culto próprio. Jesus, como Miguel, se opõe, afirmando que somente Deus pode ser adorado. Podemos interpretar que por trás da afirmação de Jesus: "Está escrito: tu adorarás o Senhor teu Deus e a ele só servirás" esteja a ordem explícita para o Diabo voltar à sua real condição angelical, de dependente e a serviço do Altíssimo, e não de opositor e adversário dele.

A visão de todos os reinos da terra lembra a viagem de Abraão, no Apocalipse de Abrão,[4] que, levado por um anjo na asa de uma pomba, foi para o céu onde contemplou Deus, seu trono e a terra lá embaixo, o altar e o templo de Jerusalém, a humanidade dividida em povo de Deus e pagãos e o desenvolvimento da história humana (15–25). No Apocalipse de Baruque, texto judaico do final do século I d.C., Baruque é convidado a subir ao topo de uma montanha,[5] e todas as regiões da terra passarão diante dos seus olhos (126). Vale a pena lembrar aqui a história do deus Attar de Ugarit, na sua frustrada tentativa de subir o monte Zefon e sentar-se no trono de Baal, mas ironicamente, por ser baixinho, "seus pés não chegavam ao banquinho, e sua cabeça não alcançava o seu fim" (1.6 I 44-67). Mesmo sendo uma história muito antiga, tem a ver com a tentativa de Satanás.

Há outro interessante paralelo no Livro das Parábolas de Enoque, quando, descrevendo a queda e a condenação dos anjos rebeldes, chegando ao quinto, cujo nome era Kasdeya, ou Tabaat, que ensinou aos homens toda sorte de crueldade e as matanças de nenês, afirma:

> Este é o número de Kesbeel, chefe do juramento; que mostrou aos santos (os homens), quão excelso estava em glória, e seu nome era Beqa. E este pediu a são Miguel que revelasse a eles o nome secreto para que (os homens) vissem este nome escondido e o lembrassem no juramento [...] (1En 69,13-14).

---

[4] Apócrifo judaico ligado aos círculos essênicos.

[5] Talvez por isso Mateus acrescente que o diabo levou Jesus a um monte muito alto onde lhe mostrou todos os reinos do mundo (cf. Mt 4,8).

Há nesse texto dois elementos interessantes: um anjo caído que se tornou demônio, que revela aos homens a sua glória passada; e o nome secreto, o nome de Deus, que não pode ser revelado, pois nele está o segredo de toda a criação. Existe algo mágico neste nome, como no nome de Jesus. O poder deste nome é revelado pelo anjo *Javel*, que afirma a Abrão: "Dele (de Deus) recebi o nome de Javel, e eu movimento tudo o que comigo existe no sétimo plano abaixo do firmamento. O meu poder procede desse nome indizível que está em mim" (Ap.Abr. 10,9).

Nessa cena, como na segunda, Jesus pronuncia o Nome do "Senhor Deus": nas fórmulas mágicas, o nome de Deus, de Jesus, dos anjos ou dos grandes profetas era considerado portador de um poder sobrenatural e mágico, pronunciado nos esconjuros, nas curas e nos exorcismos.

2. A origem da cristologia

A imagem do Jesus vencendo Satanás, no início da Fonte Q, devia representar algo extraordinário para seus primeiros seguidores e para o movimento de Q: trazia a afirmação de que o Diabo já tinha sido derrotado por Jesus. Por conseqüência, era possível que seus seguidores também derrotassem Satanás e seus aliados terrestres, os inimigos das primeiras comunidades, fossem eles judeus ou romanos. Pela força que exercia, os primeiros seguidores de Jesus deviam se referir a esta imagem na hora de resistir diante dos conflitos, perseguições e morte. E ela talvez nos proporcione uma das primeiras afirmações cristológicas: a do Cristo Vencedor, o *Christus Victor*, anterior ou contemporânea à imagem do *Servo Sofredor* que se impõe em seguida e está ligada à interpretação da morte e ressurreição de Jesus.

O que mais incomodou os estudiosos foi a falta, em Q, do relato da paixão, morte e ressurreição de Jesus. Pela prevalência do caráter querigmático, chegou-se à conclusão de que o interesse de Q fosse o ensinamento de Jesus, em forma de *logia*, ou ditos, num gênero literário definido como "coleção de sentenças ou ditos" (KLOPPENBORG, 1986: 256-261). Dessa forma, o silêncio em relação à cruz se justificaria. Essa conclusão, porém, não convence, visto a importância que o evento pascal tem para o cristianismo. Acreditamos que a ênfase na cruz como evento salvífico seja posterior, ou fruto de outra tradição, expressão de um contexto cultural diferente, o helenístico. A nosso ver, o primeiríssimo movimento cristão enfatizou a vitória de Jesus pela fidelidade à palavra e à lei, resumida no sintético relato da batalha escatológica (Q 4,1-13): nisso o movimento revela sua matriz judaica e galilaica. Não que se negue a morte de Jesus na cruz: pelo contrário, o grupo de Q viu Jesus morrer na cruz e até faz referência ao seguir Jesus carregando cada um a sua cruz (14,26). Mas para eles não passaria da morte de um profeta, algo normal, pois este era o fim reservado a todos os profetas (Q 11,48; 13,34). A lei, tanto para eles como para os demais judeus, salva, e Jesus demonstrou como isso se dá no seu enfrentamento com o Diabo.

À medida que os primeiros cristãos saíram da Palestina e se defrontaram com culturas diferentes e novas exigências pastorais, outros aspectos passaram a ser enfatizados. É assim que deve ser lida a nova ênfase na tradição salvífica da morte na cruz. Esta não é novidade no mundo judaico, pois se fundamenta na longa tradição literária do profeta Isaías, que tem nos *Cantos do Servo Sofredor* (Is 42–53) sua expressão mais significativa. Aparece mais tarde na lenda da morte do profeta Isaías no madeiro: segundo o Martírio de Isaías, um apócrifo do AT provavelmente do século II a.C. O profeta teria sido serrado ao meio, quando, fugindo do rei Manassés, se refugiou na cavidade de uma árvore. Tal história tem muitos elementos comuns às lendas dos mártires da época macabaica, refletindo talvez o mesmo contexto e servindo de estímulo à resistência na perseguição.

A tradição da morte violenta de Jesus na cruz encontrou sobretudo no contexto greco-romano seu campo mais propício, e, em Paulo, seu grande mentor. Mas, já em Marcos, a ênfase recai na paixão, morte e ressurreição de Jesus como acontecimento salvífico, dando vida à chamada "teologia da cruz". Marcos, apesar de relatar muitos milagres de Jesus, quer demonstrar à cultura helenística, muito sensível ao aspecto mágico, que Jesus é um "homem divino" não pelos seus feitos maravilhosos, mas pela sua cruz, despojada de todo evento prodigioso (PERROT & SOULETIE, 2000: 92-93). Será somente ao pé da cruz que o centurião romano o reconhecerá como "o Filho de Deus" (Mc 15,39).

Paulo, por sua vez, faz da teologia da cruz sua mensagem central, no anúncio do Evangelho aos pagãos: "Não quis saber de outra coisa entre vós a não ser Jesus Cristo, e Jesus Cristo crucificado" (1Cor 2,2). No Areópago de Atenas, ele começou seu discurso com palavras bonitas, sábias, mas esbarrou na rejeição dos ouvintes quando anunciou a morte e ressurreição de Jesus: "Ao ouvirem falar de ressurreição dos mortos, alguns começaram a zombar, enquanto outros diziam: 'A respeito disto vamos ouvir-te numa outra vez'" (At 17,32). A memória e a imagem de Jesus pregado na cruz incomodavam, se comparadas à ideologia triunfante do império. Incomodavam os judeus, para quem o Messias seria um vencedor, não um perdedor. Incomodavam os cristãos, cuja referência era um deus rejeitado e morto num patíbulo.

E para os gregos e os romanos não passava de "loucura" (1Cor 1,18). É neste contexto que devem ser situadas a ênfase e a ascensão da teologia da cruz, como tentativa de assimilação da idéia da crucificação. E, na tentativa de defender esta idéia, tanto Paulo como, mais tarde, João apelarão para o cumprimento das profecias escritas: "Está escrito...". "Apelam, pois, para uma teologia de concordâncias entre profecias do Antigo Testamento e suas realizações no Novo Testamento: 'como foi dito aos antigos', 'para que se cumpra o que foi dito', 'também está escrito'" (HOORNAERT, 1997: 110). Entre outras, uma das tentativas mais felizes foi a do Apocalipse, que conseguiu juntar, na imagem do Cordeiro imolado e glorificado (Ap 5), o Messias vencedor e a morte vergonhosa de Jesus.

Assim, a morte passa a ser o caminho necessário para a glorificação (Fl 2,6-11). A ênfase nessa idéia e na imagem do *Cristo Sofredor* aos poucos suplanta e substitui a outra grande imagem cristológica: a do *Cristo Vitorioso*. Temos suficientes elementos para acreditar que essa antiga tradição teve uma razoável penetração nas gerações sucessivas, fazendo-se presente nos evangelhos, na literatura do NT e sobretudo nos escritos de alguns padres. Mas, outra tradição, a da salvação pelo sofrimento e morte do Messias (Aulén, 1957), acabou se impondo na reflexão teológica cristã posterior.

3. A tradição do *Cristo Vitorioso* no Novo Testamento

A tradição do Cristo Vitorioso, que tem sua primeira e talvez mais antiga expressão na imagem de Jesus derrotando Satanás no relato da tentação (Q 4,1-13), está presente e visível em outras imagens no Novo Testamento, que vêm confirmar o desenvolvimento da tradição.

Encontramos no NT pelo menos duas imagens do Cristo Vitorioso, que ao nosso entender expressam a mesma tradição contida em Q 4,1-13: a imagem do Cristo que, como num cortejo triunfal, expõe diante de todo mundo seus inimigos vencidos, os Principados e as Autoridades, despojados de seus poderes (Cl 2,15); e a imagem do cavaleiro montado num cavalo branco que derrota a Besta, o falso profeta e seus aliados (Ap 19,11-21).

3.1 O cortejo triunfal

Essa imagem está presente em Cl 2,15, quando, falando de Cristo que com sua morte e ressurreição trouxe a vida, afirma-se que ele "despojou os Principados e as Autoridades, expondo-os em espetáculo diante do mundo, levando-os em cortejo triunfal".

É difícil definir o que o autor entende com os termos "Principados" e "Autoridades". Para alguns autores, trata-se de linguagem militar. Para o *Testamento de Levi*, pseudepígrafo do século II a.C., Tronos e Potestades parecem ser seres angelicais, na estrutura hierárquica celestial, que, num céu abaixo dos Arcanjos, "tributam louvor constante a Deus" (3,8).

É provável que o autor entenda por "Principados" e "Autoridades" todas as instituições e estruturas pelas quais os reinos visíveis e invisíveis são administrados e sem as quais a vida humana é impossível. Nesse sentido, poderíamos pensar nas modernas estruturas, leis, instituições, elementos naturais e evolução histórica que contribuem à vida e funcionamento de uma sociedade. "Principados" e "Autoridades" podem, porém, refletir também a deificação de potestades terrenas, um hábito bastante comum no Oriente de atribuir títulos divinos a autoridades terrenas. Mas o que nos parece mais apropriado é que aqui "Principados" e "Autoridades" indiquem entidades sobrenaturais opostas a Deus e sujeitadas pelo Messias. Nesse sentido nos ajuda Ef 6,12:

> Pois o nosso combate não é contra o sangue nem contra a carne, mas contra os Principados, contra as Autoridades, contra os Dominadores deste mundo de trevas, contra os Espíritos do Mal, que povoam as regiões celestiais.

Trata-se dos espíritos que, na opinião dos antigos, governavam os astros, e, por eles, todo o universo. Residiam nos céus (1,20s; 3,10; Fl 2,10) ou no ar (Ef 2,2), entre a terra e a morada de Deus, e coincidiam em parte com o que Paulo chama, noutro lugar, de "elementos do mundo" (Gl 4,3). Foram infiéis a Deus e quiseram escravizar para si os homens no pecado (2,2); mas Cristo veio libertá-los de sua escravidão (1,21; Cl 1,13; 2,15.20). Isso reflete a crença judaica de que o firmamento é habitado por miríades de demônios. É bastante provável, portanto, que "Principados" e "Autoridades" mencionados nas cartas paulinas incluam os demônios que, segundo os evangelhos sinóticos, especialmente Marcos, são expulsos por Jesus. Podem incluir também os príncipes das nações que, no relato de Daniel, se submetem ao reinado de Deus, e os anjos da congregação, que, segundo Apocalipse, se tornam testemunhas da vitória de Deus (Ap 19) (BARTH & BLANKE, 1994: 173). Certamente, são mediações entre Deus e os homens, e os "Principados" parecem estar mais na presença de Deus, enquanto as "Autoridades" seriam mais terrenas.

Esses mesmos "Principados" e "Autoridades" são agora, segundo Cl 2,15, desarmados, vencidos pelo Cristo ressuscitado e levados no cortejo triunfal onde são expostos ao espetáculo público. A imagem lembra os cortejos triunfais dos generais romanos, que, vencida a guerra, desfilavam nos

Foros Romanos com suas Legiões, trazendo consigo os prisioneiros vencidos e os despojos da guerra, aclamados pelas autoridades e pelo povo de Roma. A exposição pública dos inimigos, desnudados dos seus sinais de honra e poder, era sinal de vergonha e humilhação para eles agora reduzidos à escravidão, e de glória para os seus vencedores. Esta imagem lembra o caminho da cruz, que é paradoxalmente uma procissão triunfal de Deus, em que, como imperador do mundo, ele conduz as Autoridades como um imperador romano conduzia seus prisioneiros.

A mesma imagem, expressa em outras palavras, encontra-se em outra afirmação de Paulo: Cristo "pôs debaixo de seus pés todos os seus inimigos" (1Cor 15,15; Cl 1,15-20; Ef 1,20-22). Aparece novamente a idéia da escravidão, do domínio sobre os inimigos, bem na linha de Ef 4,8, que afirma que Cristo, "tendo subido às alturas, levou cativo o cativeiro". Por outro lado, segundo Paulo, os cristãos que junto a ele lutaram contra os inimigos são com ele "carregados em seu triunfo" (2Cor 2,14).

A imagem do Cristo Vitorioso é transposta aqui na linguagem militar e já se encontra em paralelo com outra imagem do Cristo que, mediante sua ressurreição, vence a morte e salva a humanidade. À antiga tradição da batalha escatológica pela fidelidade à lei e à palavra, acrescenta-se a nova tradição da vitória pela morte, que, aos poucos, vai tornando-se central na teologia cristã. Mas ainda a tradição do Cristo Vitorioso continua presente.

3.2 O cavaleiro do Apocalipse

Esta imagem está no livro do Apocalipse, no contexto do primeiro combate escatológico, quando o céu se abre e:

eis que apareceu um cavalo branco cujo montador se chama *Fiel* e *Verdadeiro*; ele julga e combate com justiça. Seus olhos são chama de fogo; sobre sua cabeça há muitos diademas, e traz escrito um nome que ninguém conhece, exceto ele; veste um manto embebido de sangue; e o nome com que é chamado é Verbo de Deus. Os exércitos do céu acompanham-no em cavalos brancos, vestidos com linho de brancura resplandecente. Da sua boca sai uma espada afiada para com ela ferir as nações. Ele é quem as apascentará com um cetro de ferro. Ele é quem pisa o lagar do vinho do furor da ira de Deus, o Todo-Poderoso. Um nome está escrito sobre seu manto e sobre sua coxa: Rei dos reis e Senhor dos senhores (19,11-16).

Trata-se de uma cena de julgamento. O tema do julgamento está presente na bela imagem do vinhateiro que, pisando a uva no lagar, fica com suas vestes manchadas de mosto. A referência é a de Is 63,1-3, onde a imagem das vestes manchadas de sangue como no pisar das uvas é usada para descrever o julgamento dos povos inimigos. Relembra também a conclusão da aliança, no Sinai, em que o altar do sacrifício e o povo são aspergidos com o sangue dos holocaustos (Ex 24,3-8).

Os nomes do cavaleiro: "Fiel", "Verdadeiro" e "Verbo de Deus" são epítetos divinos que podiam ser usados também para homens. Eles destacam três atitudes que contrastam vivamente com as características de Satanás. Quanto ao nome escrito no seu manto e na coxa, pode referir-se a uma estátua eqüestre em Éfeso que tinha o nome inscrito na coxa. A palavra poderia, porém, ser uma translação errada do radical hebraico *dāgāl* (estandarte) que pode facilmente ser confundido com *rāgāl* (perna, pé). O nome pode estar escrito no cinto ou na espada; assim como marcado na coxa do cavalo, segundo o costume grego; ou nas coxas das estátuas, em Roma.

A frase "Rei dos reis e Senhor dos senhores" (v. 16) recorre também em 1Tm 6,15 e Dn 2,47, e suas letras em aramaico somam 777, número simbólico da perfeição, em claro contraste com o 666 da Besta (Ap 13,18).

A imagem do cavaleiro é de um guerreiro, um potente herói que, relembrando Is 42,13, sai para a guerra com a finalidade de destruir seus adversários. Sua arma é a espada de sua boca que, como vimos anteriormente, tem a ver com o tema da palavra e do julgamento. A imagem do cavalo remete para o tema do poder, da força e da vitória. A cavalaria, de fato, representava uma das armas mais poderosas nas guerras antigas e é bom lembrar que ao cavalo está associada à idéia da vitória e da força: tanto é que os vencedores sempre são representados cavalgando.

Na literatura apocalíptica, o cavalo representa também forças negativas ou punitivas: Joel descreve a praga dos gafanhotos com aspecto de cavalos e ruído de carros (2,4-5 // Ap 9,7-9). Em 2Mc 3,25-29, um terrível cavaleiro aparece para punir Heliodoro; e cinco magníficos cavaleiros celestes vêm defender Judas Macabeu dos seus inimigos (2Mc 10,29-30).

O cavaleiro do Apocalipse é uma figura claramente escatológica. Provavelmente ele pode ser identificado com o Cordeiro de Ap 17,14, onde aparece o mesmo título "Rei dos reis e Senhor dos senhores". O fato de ele ser adornado de diademas denota realeza e soberania, a exemplo de Ptolomeu, que tinha sua fronte cingida por dois diademas: o do Egito e o da Ásia (1Mc 11,13). No diadema está o nome que ninguém conhece, exceto ele (v. 12), o que poderia sugerir sua natureza divina e celestial, como os 144.000 que trazem na fronte o nome do Cordeiro e do seu Pai (Ap 14,1). As vestes manchadas de sangue poderiam aludir também ao Messias sacerdotal: na Regra da Guerra se diz que os sacerdotes de Aarão, trajados para a guerra, marcharão na frente dos soldados (1QM 7,9-11), entre os quais também há a cavalaria (1QM 6,12s). Trata-se de exércitos celestiais, com participação direta dos anjos na guerra santa (1QM 12,8).

A imagem do cavaleiro transpassando com sua lança o inimigo é bastante comum em amuletos judaicos, em que geralmente representa Salomão, pela tradição considerado o protótipo dos sábios, dotado de poderes extraordinários que lhe permitiam submeter todos os males e, portanto, o "Mestre dos demônios" (a afirmação se encontra no Testamento de Salomão, um apócrifo do século I d.C.). Em tais amuletos o inimigo era representado por uma figura feminina, em que se costumava ver a presença do mal e do demônio (SCHIAVO, 2001: 73-89).

É sobretudo no contexto greco-romano que a imagem do cavaleiro adquire importância, sendo achada em relevos funerários na Grécia clássica, em sinal de riqueza, prestígio e poder (séculos V-IV), e em moedas gregas e romanas do século V a.C. até o século IV d.C.[6] Nesse sentido, há que se ver também os hábitos de erguer monumentos eqüestres na Roma antiga, como sinal de vitória.

---

[6] CHEVITARESE, *O uso de um esquema imagético politeísta entre os primeiros cristãos.*

Capítulo VII

O movimento de Jesus

A consciência de que Jesus é o agente celestial da salvação escatológica e a certeza de sua vitória sobre o Diabo e seus inimigos significaram para os primeiros seguidores de Jesus o início de um novo tempo, o final, marcado por uma nova ética e caracterizado pela instauração do reinado de Deus. Acreditamos ser a Fonte Q o documento de referência do grupo, tendo a mesma importância da Regra da Comunidade (1QS) para o grupo de Qumran. Nesse documento, que reúne elementos apocalípticos e ensinamentos éticos, encontra-se a elaboração dessa nova ética.

1. O Reino de Deus e a escatologia realizada

A expectativa do Reino de Deus não é, na Fonte Q, tanto para o futuro, mas para o momento presente: na primeira Bem-Aventurança, a promessa escatológica do Reino é definida pelo verbo no tempo presente: "Porque vosso é o Reino de Deus" (6,20). Por isso a grande insistência, em Q, nos elementos relacionados à confiança absoluta em Deus (12,22-31), à fé radical (17,6), ao seguimento desprendido a Jesus, deixando para traz as tradições dos antigos (9,57-60), à pobreza voluntária (10,4), ao anúncio da paz (10,5), ao cuidado com os fracos (10,9) etc.

O Reino de Deus realizado se caracteriza por relações humanas reconstruídas: amar e rezar pelos inimigos (6,27); oferecer a outra face a quem esbofeteia (6,29); dar a quem pede (6,30); fazer o bem e amar a todos indistintamente (6,31-35); pagar as dívidas (12,58-59); evitar os escândalos em relação aos pequenos, porque "melhor seria para ele que pusesse uma pedra de moer no pescoço e fosse lançado ao mar" (17,2); perdoar sem medida: "Se sete vezes no dia o teu irmão pecar contra ti, sete vezes o perdoarás" (17,3).

O Reino vai além das fronteiras raciais e religiosas de Israel. Mesmo que não seja evidente a missão aos pagãos, em Q, todavia há uma relativa abertura aos gentios, proporcionada ao fechamento e à condenação "desta geração", os judeus: "Deus pode destas pedras levantar filhos de Abraão" (3,8); e: "Virão do Oriente e do Ocidente e sentar-se-ão com Abraão e Isaac e Jacó no Reino de Deus [...]; vós sereis lançados fora [...]" (13,28-29); sendo citadas como exemplo as cidades pagãs de Tiro e Sidônia (10,13), a rainha do sul e os antigos moradores pagãos de Nínive (11,31-32). Por fim, na parábola do banquete, diante da recusa dos convidados (os judeus), outros são chamados a tomarem seus lugares (14,21). Esta abertura é visível também no episódio da cura do servo do centurião, em que Jesus afirma: "Nem em Israel encontrei tal fé" (7,9).

No Reino superam-se também as antigas classes sociais judaicas, favorecendo a emergência de categorias de pessoas desde sempre excluídas: os pobres; os famintos; os que choram; os marginalizados; os perseguidos (6,20-23); os inocentes (10,21); os pequenos que não podem ser escandalizados (17,2); os extraviados ou perdidos (15,4-7); o centurião, exemplo de fé (7,1-9): são eles agora os protagonistas da cena.

Busca-se superar as categorias de poder: "Não há discípulo maior que seu mestre [...]; será como seu mestre" (6,39); e o menor no Reino de Deus será maior do que João, reconhecido por Jesus como o maior entre os profetas (7,24-28), pois "todo o que se exalta será humilhado, e o que se humilha será exaltado" (14,11).

Por fim, as categorias dos sábios também são mudadas: as coisas do céu são reveladas agora aos inocentes e escondidas aos sábios, entendidos e profetas (10,21-24). É uma forte crítica aos fariseus, condenados como "guias cegos" (6,39).

A comunidade de Q, convencida de que estava vivendo uma nova fase da história, buscava com sua prática construir desde já a comunidade ideal, o Reino escatológico de Deus, que coincidia com os ideais do paraíso das origens. Isso justifica toda a sua insistência nas normas éticas e práticas, num estilo de vida radical que caracterizasse o momento que estava vivendo. Este grande sonho e esperança, chamado Reino, é a referência e o horizonte dos seguidores de Jesus (6,20), deve ser buscado acima de tudo (12,31), objeto de pedido a Deus (11,2). Ele está perto (10,9), e sua vitalidade é igual à da semente de mostarda que cresce até se tornar uma grande árvore, ou à do fermento que leveda a massa toda (13,18-21).

Num interessante artigo, D. Seeley confirma a ênfase no presente em Q, sustentando a idéia de que essa comunidade se organizou ao redor da ausência de uma escatologia futura, e comprova isso em alguns textos de Q (10,2-12; 11,31-32; 11,49-51; 12,4-5; 12,8-9; 12,39-46; 13,27-30; 13,34-35; 17,23-24; 22,28-30) (SEELEY, 1996: 144-153). O autor afirma que "em nenhum caso a escatologia futura aparece como um elemento constitutivo do processo da formação social pela qual a comunidade de Q poderia ter sido construída" (SEELEY, 1996: 152). Sem esquecer, porém, que o horizonte permanece no futuro, e o Reino está se construindo até a sua realização plena no futuro.

Se o Reino é o novo acontecendo, precisa ser reconhecido nos sinais em que ele se faz presente: "Quando (nota-se um fenômeno no céu), dizeis (um pronunciamento). E (quando se nota outro fenômeno, tira-se outra conclusão). Sabeis julgar a face do céu, mas não podeis julgar o tempo?" (12,54-56). Respondendo a João, Jesus afirma que o tempo chegou, é só ler os sinais: "Os cegos recobram a vista, e os coxos andam, os leprosos são limpos e os surdos ouvem e os mortos são levantados e aos pobres são anunciadas boas-novas" (7,22). Do mesmo modo, são condenados os que não sabem ler os sinais: "Ai de ti, Corozaim. Ai de ti, Betsaida. Porque, se em Tiro e Sidônia tivessem sido feitos os sinais que foram feitos em vós, há tempo que em saco e cinzas ter-se-iam arrependidos" (10,13); e os que acusam, de modo maldoso, Jesus de expulsar demônios por Beelzebul (11,15).

Além de reconhecer, é necessário revelar o que estava oculto e escondido e foi revelado agora aos pequenos; daqui a responsabilidade deles de revelá-lo ao povo: "Não há nada oculto que não será revelado, e escondido que não será conhecido. O que vos digo na escuridão, dizei-o na luz, o que escutais no ouvido, proclamai-o dos telhados" (12,2-3). A polêmica é com os fariseus que, tendo as chaves do conhecimento, "não entram nem permitem entrar os que estão entrando" (15,52).

A urgência do tempo exige uma tomada de decisão radical no seguimento de Jesus: o novo questiona o velho, por isso Jesus propõe romper com certas tradições judaicas, por ele consideradas superadas (ex.: "Deixai os mortos sepultar os seus mortos", 9,60), mesmo sabendo que isso vai trazer o conflito aos seus seguidores: "[...] Pensar [...] que vim para lançar paz na terra. Não, mas uma espada. Porque [...] filho contra pai e filha contra mãe e nora contra sogra" (15,51-53); neste contexto lê-se o dito: "Se alguém não odeia a seu pai e mãe, não pode ser meu discípulo" (14,26).

2. Contexto social do movimento de Jesus

O movimento de Jesus se insere na grande onda de renovação do judaísmo da primeira metade do século I d.C.

Segundo Overmann, o judaísmo entre o século II a.C. e o final do I séc d.C. é marcado por um forte surto de sectarismo, que se caracteriza por cinco aspectos (OVERMANN, 1997: 19-44):

a) *Fragmentação e facciosidade*: "O período de cerca de 165 a.C. a 100 d.C. apresentou uma tendência crescente para a facciosidade e o sectarismo. O duro tratamento dado a muitos israelitas por seus governantes selêucidas, a crescente influência do helenismo e sua sedução por alguns israelitas e aversão para outros, e os abusos de governantes asmoneus posteriores foram fatores que levaram à divisão. Entre os elementos que provocaram fragmentação no século I d.C. estiveram a ocupação romana, as escolas judaicas rivais e a destruição do templo de Jerusalém" (OVERMANN, 1997: 21-22).

b) *Hostilidade à liderança judaica.* Os grupos sociais competiam entre si por controle e influência na sociedade judaica (HORSLEY & HANSON, 1995: 89-207 e GOOD-

MAN, 1994: 143-203). Tinham uma postura extremamente crítica em relação aos que detinham a autoridade, denunciando e opondo-se abertamente a eles e vivendo um sentimento de alienação que os levava a um fechamento sectário. O exemplo mais nítido é a comunidade de Qumran, que chegou a se afastar fisicamente do mundo que rejeitava.

c) *Linguagem sectária*. A linguagem de tais grupos reflete a oposição às autoridades centrais que consideram injustas e pelas quais em muitos casos eram perseguidos. Categorias como "ímpio" e "justo" se encontram repetidamente em seus escritos, assim como "justiça" e "impiedade". Esperavam que eles, fiéis e justos, seriam vingados por Deus, num julgamento em que seus opositores, considerados pecadores e corruptos, seriam definitivamente exterminados. A hostilidade contra as autoridades se manifestava na rejeição do templo: "Quando foram infiéis ao abandoná-lo, ele ocultou o seu rosto de Israel e do seu santuário e os entregou à espada", afirma o Documento de Damasco (1,3). Israel abandonou Deus e Deus abandonou o santuário! Por outro lado, eles achavam que possuíam o verdadeiro entendimento da lei de Deus.

d) *Centralidade da lei*. A interpretação da lei era essencial para esses grupos, para legitimar a afirmação de ser o verdadeiro povo de Deus. A mediação da interpretação da lei passava pela presença de um agente ou intérprete, uma espécie de profeta, objeto de particular revelação de Deus e que se tornava o revelador da vontade de Deus para a comunidade. É o caso de Enoque no século II a.C. (1En 104), do Mestre da Justiça em Qumran (CD 1), de Baruque (2Br 84) e Esdras (4Esd 14) no final do século I d.C. comparados a Moisés.

e) *Futuro do povo da aliança*. As comunidades sectárias acreditavam que as palavras da lei estavam se cumprindo na história e na vida da própria comunidade. Por isso, os eventos políticos significativos eram vistos como vingança divina e rejeição dos seus oponentes. Quer fossem os sacerdotes corruptos de Jerusalém e os governantes asmoneus helenizados (Qumran e 1 Enoque), ou a invasão e destruição de Jerusalém por Pompeu (Salmos de Salomão) ou a destruição do templo de Jerusalém em 70 (1 Baruque e 4 Esdras), esses eventos eram interpretados como confirmações das crenças da comunidade em relação à rejeição de Deus ao grupo principal. Pela natureza exclusiva das reivindicações, tais comunidades acreditavam ser elas, e só elas, o verdadeiro povo de Deus.

O movimento de Jesus não deve ter sido muito diferente destas comunidades sectárias, pelo menos no seu início.

Sua linguagem deixa transparecer um conflito bastante amplo com "esta geração", "Israel" e os "fariseus", termos todos que se referem às lideranças do povo judaico, consideradas "guias cegas". A "Israel" são direcionados os anúncios de julgamento e os ataques de João Batista contra a falsa segurança de ser filhos de Abrão. "Esta geração", como Israel é chamado, está correndo sério perigo: sua salvação só é possível se houver arrependimento individual. À luz disso, podemos pensar nos seguidores de Jesus como num movimento interno de renovação ao judaísmo, pregando um profetismo radical, mas ainda não orientado decididamente a uma missão para fora. Os "fariseus" são o único grupo com o qual Q entra em polêmica, sendo em Q 11,39-47 objeto de seis "Ais". O motivo é sua prática da religião (11,39-44), sobretudo em relação à pureza, como também ao ensinamento da lei (11,46-52), fato este que faz pensar mais nos Escribas e nos Mestres da Lei. "Isso poderia corresponder à situação antes da guerra judaica: nem todos os escribas eram fariseu ao mesmo tempo, e nem todos os fariseus eram escribas" (THEISSEN, 1991: 227-228).

A questão é que os fariseus estão relacionados à morte dos profetas: encontramos aqui a referência à morte de Jesus em Jerusalém, e a situação de perseguição sofrida por profetas cristãos. De fato, no início, o movimento de Jesus sofreu bastante por causa dos judeus, tendo até algumas baixas: Atos dos Apóstolos testemunha o apedrejamento de Estêvão (7,54-60), provavelmente entre 30 e 34; e na Páscoa de 44Tiago, irmão de João, é decapitado por Agripa I. Além disso, Paulo, ele próprio fariseu (At 26,4-5), confirma uma intensa obra de perseguição dos seguidores de Jesus realizada por ele mesmo antes de sua conversão, que aconteceu em 36, portanto anterior a essa data (At 8,1-2; Gl 1,13.23; 1Ts 2,14-16); perseguição essa que continuou depois contra ele, até ser morto em Roma (At 23,12s). Podemos supor que por trás dessa perseguição houvesse os fariseus, além do rei Agripa I, talvez forçado a isso para agradar aos influentes judeus de tradição farisaica.

Os oponentes do grupo são definidos em Q pelo termo "esta geração má" (11,29) porque rejeitaram a mensagem de João, primeiro, e de Jesus, depois (7,31-34). A hostilidade contra eles se faz visível nos vários ditos referentes à rejeição do poder político e do templo, na condenação dos fariseus (11,39-52), de Jerusalém (11,34) e na duríssima afirmação: "Eis aqui, vossa casa está abandonada" (13,35), alusão talvez ao fato de que Deus abandonou o templo e a cidade. A crítica deve, com certeza, estar relacionada também à política colaboracionista com os romanos.

A lei e sua observância se tornam centrais para o grupo, para o qual "é mais fácil passar o céu e a terra do que ser eliminado um traço da lei" (16,17). O apelo a uma nova justiça, superior à dos "fariseus", é muito forte e revela a busca por uma identidade própria do grupo. Nesse sentido, Jesus é a personagem-chave do movimento, que — como o Mestre da Justiça de Qumran que voltará para ensinar a Torah no final dos tempos, ou o novo Moisés posterior de 2Br e 4Esd — transmite aos seguidores uma nova interpretação da lei que o próprio Deus lhe revelou. Tal revelação é a verdadeira sabedoria, e ele é um sábio "maior que Salomão" (11,31). Jesus é entendido como um ser sobrenatural que vence Satanás (na tentação, nas duas únicas referências a milagres: 7,1-8 e 7,22 e nos dois ditos sobre exorcismo: 11,14 e 11,24s); tem visões (4,1-13); está em contato direto com Deus, a quem chama de Pai (11,20-22); é o "bendito que vem em nome do Senhor" (13,35); e sobretudo é o Filho do Homem. A tradição de Jesus encontra aqui sua primeira cristalização teológica.

Por fim, tal grupo se achava o depositário das promessas antigas, o exclusivo e verdadeiro povo de Deus, enquanto os que apelavam ao fato de ser filhos de Abraão foram rejeitados (3,8-9). Essa afirmação podia ser comprovada pelos frutos que eles produziam, pois "por seu fruto a árvore é conhecida" (6,44). Na afirmação "pois eu vos digo que Deus pode destas pedras levantar filhos para Abraão" (3,8), podemos encontrar uma alusão à abertura do movimento aos pagãos, embora a atitude de Q para com os "gentios" seja bastante ambígua. Se de um lado há um conflito com Israel, do outro há uma preocupação com a missão (talvez junto aos gentios): "A colheita é muita, mas os operários são poucos. Rogai, pois, ao senhor da colheita que envie operários para sua colheita" (Q 10,2). Gentios como o centurião de Cafarnaum (7,2-8) e os habitantes de Tiro e Sidônia (10,13) são descritos positivamente.

O grupo tem consciência de estar vivendo o último período da história. A proximidade do acontecimento escatológico e do julgamento final faz com que eles suportem sofrimentos e perseguições e sintam que a vingança de Deus está por chegar. A acentuação na necessidade dos frutos e da prática confirma tal espera.

3. Traços dos primeiros seguidores de Jesus

O grupo que compõe este primeiro núcleo de seguidores e que produziu Q deve estar localizado na Palestina, ser de tradição religiosa judaica e deve ter sido formado provavelmente de carismáticos itinerantes não ligados a uma comunidade específica, como também de profetas e de muitas pessoas comuns, para as quais Jerusalém e o templo tinham perdido sua referência religiosa. Eles criaram uma seita de renovação dentro do judaísmo, no qual o ideal de pureza e o sacrifício contavam menos do que a prática social do amor, da igualdade e da solidariedade. Recolheram os ensinamentos do mestre Jesus, inicialmente de forma oral, e posteriormente, talvez por volta dos anos 40-50, os redigem na Galiléia, dando assim vida a Q. Para eles, Q representava um projeto concreto de vida, que apontava para uma ética simples e radical. Achavam-se depositários de uma nova revelação: que Jesus tinha derrotado Satanás na batalha escatológica, dando início a uma nova era: a definitiva. Isso representava para eles o chamado para uma grande missão: a de anunciar, ou melhor, "revelar" tal "mistério" a toda a humanidade, proclamando o perdão dos pecados, a mudança de vida e convocando para ingressar na nova comunidade escatológica. A oposição dos dirigentes judaicos, a crise imperial provocada por Gaio Calígula nos anos 40 e por seu legado na Palestina, Agripa I, que quiseram impor o culto à pessoa do imperador (THEISSEN, 1991: 216-217 e Ant.Jud XVIII, 271-271), podem ter fornecido o pretexto para um documento que, entre outras coisas, visava incentivar a fidelidade e uma prática alternativa de vida, na espera do julgamento futuro de Deus.

Falou-se bastante das possíveis relações do grupo de Q com a comunidade de Qumran. A matriz apocalíptico-escatológica é semelhante, fornecendo uma visão do mundo e da história como o campo de batalha de forças sobrenaturais e históricas antagônicas. A era messiânica, ainda esperada em Qumran, já começara, na visão do grupo de Q, na pessoa de Jesus, agente escatológico da salvação. Mas, se Qumran se caracteriza como uma comunidade cultual em que a busca da justiça e de Deus se dá pela rígida observância da lei quanto às normas da pureza, no movimento de Q, além da lei, enfatizam-se a ética, a prática, os frutos, na busca de novas relações a partir dos excluídos da lei. Se em Qumran há um movimento concêntrico, de fechamento progressivo ao mundo considerado mal, em Q nota-se um movimento contrário, que do centro se abre para a periferia, para os pobres, os pequenos, os expulsos, os excluídos, até chegar aos gentios e aos pagãos. Nesse sentido, o movimento dos primeiros seguidores de Jesus, nascido como seita dentro do judaísmo, com o passar do tempo supera o elemento sectário para abrir-se ao universal. Este processo, ainda só esboçado e confuso em Q, será levado à plenitude sobretudo por Paulo e pelos outros missionários, a partir do momento em que o movimento deixa os confins da Palestina para se expandir por todo o mundo greco-romano.

Conclusão

1. Evolução da cristologia no NT

Como conclusão, esboçamos uma possível evolução da cristologia no NT. A fé em Jesus Cristo foi fruto de um muito longo processo interpretativo, que se encerrou com a definição dogmática do Concílio de Nicéia (325). A variedade de cristianismos originários deu vida a uma vasta gama de visões e interpretações, no que podemos definir de pluralismo cristológico das origens. Até se impor uma visão, geralmente a do grupo majoritário, com a conseqüente exclusão das outras, às vezes tachadas de hereges. Foi um processo conflitivo e sofrido, que representou, em muitos casos, a luta pelo poder dentro da Igreja nascente.

Historicamente parece ser pouco provável que, desde o início, tenha se formulado que Jesus é homem e Deus ao mesmo tempo. De acordo com o próprio conjunto dos textos pertencentes ao Novo Testamento, é mais provável imaginar um processo amplo de reflexão sobre o evento histórico relacionado a Jesus, o qual, junto à releitura e interpretação das Escrituras, permitiu, aos poucos, que se definisse a fé no Jesus histórico como Jesus Cristo.

Acreditamos que, por ter sido um processo, tal reflexão passou por várias etapas, que encontramos sintetizadas em Lc 24,13-35:

• No início de tudo (final do século I a.C. e primeira metade do século I), há o messianismo judaico, ou melhor, vários messianismos judaicos, cujas tradições se expressavam sobretudo nas diversas figuras angelomórficas. Tais figuras, como vimos, eram fruto de contextos sociais diferentes, mas tinham muitos elementos comuns, ao ponto que Miguel, Melquisedec e o Filho do Homem podiam ser identificados como sendo uma mesma figura. A espera era a mesma e estava ligada à vinda de um Messias-salvador angelical.

• Na segunda etapa colocamos a experiência histórica de Jesus de Nazaré (até 30 d.C.), que foi, nas palavras de seus primeiros discípulos, "profeta poderoso em palavras e obras" (Lc 24,19). Sua pessoa deve ter impressionado seus contemporâneos, assim como sua interpretação radical da lei: por causa disso, viram nele o profeta escatológico. Mas foram sobretudo seus milagres e exorcismos que levaram o povo a acreditar que nele havia um poder extraordinário, divino. A comparação com a figura do anjo messiânico, de quem Jesus podia ser a encarnação terrena, foi inevitável.

• Após sua morte, começou a reflexão sobre sua identidade verdadeira. No início é a decepção que toma conta dos discípulos: "Nós esperávamos que fosse ele quem iria redimir Israel" (Lc 24,21), mas, logo em seguida, buscam-se nas Escrituras explicações e luzes. É o que faz Jesus com os dois de Emaús, quando "começando de Moisés e dos Profetas, interpretou-lhes em todas as Escrituras o que a ele dizia respeito" (24,27). Esta re-leitura é orientada para interpretar o acontecimento ligado a Jesus de Nazaré como cumprimento das profecias antigas: "Estava escrito...", "Era preciso...". Assim, chega-se a afirmar que ele é o Filho do Homem, o agente escatológico da salvação que traz a verdadeira interpretação da lei e a vitória sobre Satanás por sua fidelidade à palavra da lei. É a fase da Fonte Q, nos anos 30-50 de nossa era, quando o movimento de Jesus ainda palestinense (galilaico) se caracterizava por sua forte matriz judaica.

• Com a expansão do movimento (Síria, Ásia, Grécia, Roma), muda o contexto cultural e social. Novos elementos adquirem importância, outros caem em segundo plano, ou são esquecidos, num processo sincrético e de inculturação. No contexto helenístico, a morte e a ressurreição de Jesus incomodavam, e muito! (At 17,32).

Novamente, é na releitura das tradições antigas que se acha uma saída: na tradição de Isaías, o Messias deve morrer para redimir o mundo, mas ele voltaria a viver. Foi provavelmente Paulo o protagonista desta re-leitura; com certeza foi ele quem a difundiu, dando-lhe o valor que até hoje tem. Segundo esta interpretação, era necessário que o Messias morresse, para ressuscitar à vida nova. É o chamado "evangelho da cruz". A morte e a ressurreição não são novidades: estão presentes nas estruturas simbólicas do "mito do combate" e das religiões de mistério, as seitas religiosas mais difusas no império e que tinham, em Antioquia, cidade onde Paulo foi catequizado, um dos seus centros mais importantes. A conseqüência é que a tradição da morte e ressurreição como evento salvífico começa a se impor. Nos Atos dos Apóstolos, a interpretação da morte e ressurreição de Jesus está presente nos discursos de Pedro aos judeus, na tentativa de explicar que ele é verdadeiramente o Messias esperado (2,32; 4,10), e justifica-se isso apelando às Escrituras antigas. Esta etapa pode ser colocada entre os anos 50-70.

• Enquanto isso, outras elaborações teológicas vão surgindo, em outros contextos culturais, mas esta, baseada no testemunho de Paulo e Pedro e expressão do grupo talvez mais forte, acaba aos poucos sobressaindo. Ela produz inúmeros textos (os evangelhos canônicos e várias cartas de Paulo) e, geograficamente, parte para a conquista do Império Romano. Seu passo sucessivo será demonstrar que Jesus é Deus. Marcos é o responsável por esta afirmação: ele junta sincreticamente as tradições do "Filho de Deus": a judaica, aplicada ao anjo, e a romana, relacionada ao imperador. Conclusão: Jesus é "o Filho de Deus", elevado à mesma dignidade do Pai. É a confissão de fé de um soldado romano pagão ao pé da cruz (15,39): o que antes parecia impossível (os greco-romanos acreditarem num Deus morto e ressuscitado) se tornou realidade! Jesus já não interessa mais como homem, nem como anjo encarnado: ele agora é Deus! Esta etapa provavelmente pode ser colocada entre 70-90.

• No fim do século I, encontramos a "alta cristologia" de João: se Jesus é um ser divino, então ele era preexistente e, na encarnação, desceu de cima para baixo. Ele agora é o "Verbo" (*lógos*), termo típico do gnosticismo, que acreditava na "preexistência de seres humanos na esfera divina antes de sua vinda na terra" (BROWN, 1984: 157). O Verbo, afirma o prólogo do evangelho de João, "era Deus. No princípio, ele estava com Deus. Tudo foi feito por meio dele" (1,1-2). Textos paralelos que enfatizam a mesma idéia são encontrados sobretudo em 1Jo 1,1-2 e Cl 1,15-16. Nesta fase, que pode ser colocada entre 90-110, Jesus já é considerado o Filho unigênito de Deus. João trouxe uma grande contribuição à reflexão, definindo os rumos da cristologia futura.

2. Conclusão

Percorremos um longo caminho, buscando respostas à pergunta: de que maneira o homem Jesus de Nazaré se tornou, para seus seguidores, o profeta, o Messias, o Filho do Homem, o Filho de Deus (Jo 4 e 9)?

Ao término deste percurso, podemos afirmar:

• Há uma continuidade entre a tradição judaica, sobretudo de matriz apocalíptica, e o movimento palestino de Jesus. O elo de junção pode ser encontrado na expectativa messiânica, pela qual se esperava um salvador escatológico, representado por várias figuras: um messias guerreiro, um sacerdote ou um profeta. As diferenças se devem à diversidade de contexto e de grupo social.

• O movimento de Jesus nasceu, portanto, no seu início, como um movimento de cunho apocalíptico-escatológico: apocalíptico, por comungar a cosmovisão do movimento apocalíptico, como, por exemplo, Qumran; escatológico, por achar de estar vivendo o tempo final da história e considerar Jesus, além de juiz escatológico, o inaugurador do reinado final de Deus.

• A comunidade dos primeiros seguidores de Jesus, assim como é descrita na Fonte Q, é uma comunidade ainda pequena, à margem na sociedade judaica, mas extremamente crítica e consciente de sua missão: anunciar ao mundo que, na pessoa de Jesus, o novo tempo chegou! Por isso a grande insistência na prática, nos frutos, no radicalismo da conduta e do seguimento a Jesus, até o sacrifício da própria vida, além de uma abertura, mesmo que ainda tímida, aos pagãos. Sua grande novidade é a superação da lei da pureza, em favor da acolhida indiscriminada de todos: nisso ela se difere do grupo de Qumran.

• Jesus, provavelmente um profeta escatológico da Galiléia do século I d.C., foi considerado pelos seus o grande sinal escatológico, diante do qual cada um deve tomar sua decisão. O relato de sua vitória sobre o Diabo, em Q 4,1-3, representa, em síntese, o imaginário dos primeiros seguidores sobre Jesus: armado com a espada de fogo da palavra, ele desponta como o verdadeiro guerreiro escatológico, o Filho do Homem que julga e salva.

• O relato da tentação de Jesus (Q 4,1-13) explica por que não há referência, na Fonte Q, à paixão e morte de Jesus na cruz. A cristologia de exaltação aqui presente (o *Cristo Vitorioso*) é anterior ou paralela à cristologia da redenção pela cruz (o *Servo Sofredor*). Elas podem ter representado duas tradições cristológicas originariamente independentes e posteriormente unidas por Paulo, cuja mensagem central é a teologia da cruz.

• Faltando referência à cruz, é compreensível que em Q falte também a referência à ressurreição. Nem é necessário, porque o Jesus que luta e vence Satanás já é um ser celeste, divino, um *Filho de Deus*, como demonstramos. Ele já é exaltado e participa da glória de Deus.

Referências bibliográficas

1. Fontes

BARNSTONE, Willis (ed.). *The Other Bible*. Jewish Pseude-pygrapha. Christian Apocryphas. Gnostic Scriptures. Kabbalah. Dead Sea Scrolls. Ed. by BARNSTONE, W. San Francisco, HarperSanFrancisco, 1984.

CHARLESWORTH, James H. (ed.). *The Old Testament Pseudepygrapha*. v. I-II. New York, Doubleday, 1983.

CRAVERI, Marcello (org.). *I Vangeli Apocrifi*. Torino, Einaudi Tascabili, 1997.

DÍEZ MACHO, Alejandro. *Apócrifos del Antiguo Testamento*. v. IV e V. Madrid, Cristiandad, 1987.

GARCIA MARTINEZ, Florentino. *Textos de Qumran*. (Trad. do espanhol de Valmor da Silva.) Petrópolis, Vozes, 1995.

_____. Florentino & TIGLHELARR, Eibert J. C. *The Dead Sea Scrolls*. Study Edition. vv. I-II. New York, Brill, 1997.

HENNECKE, Edgar. *New Testament Apocrypha*. Edited by SCHNEEMELCHER, W. vv. I-II. Philadelphia, The Westminster Press, 1964.

_____. *New Testament Apocrypha*. v. I, Trowbridge Wiltshire, SCM Press LTD, 1993.

HERMAS. *O Pastor.* São Paulo, Paulus, 1995. (Col. Padres Apostólicos.)

JOSEFO, Flávio. *Antiguidades judías.* In: *Obras completas de Flavio Josefo.* Buenos Aires, Acervo Cultural Editores, 1961.

_____. *Guerra de los Judíos.* In: *Obras Completas de Flavio Josefo.* Buenos Aires, Acervo Cultural Editores, 1961.

_____. *Antichitá Giudaiche* (a cura di Luigi Moraldi), 2v. Torino, UTET, 1998.

LETE, G. Del Olmo. *Mitos y Leyendas de Canaan.* Madrid, Cristiandad, 1981.

NOLA, Alfonso M. di (org.). *Vangeli Apocrifi.* Natività e Infanzia. Milano, TEA, 1996.

PIÑERO, Antonio (ed.). *Textos Gnósticos.* Biblioteca de Nag Hammadi II: evangelios, hechos, cartas. Madrid, Trotta, 1999.

SACCHI, Paolo. *Apocrifi dell'Antico Testamento.* 2v. Torino, TEA UTET, 1997-2001.

TRICCA, Maria Helena de Oliveira (org.). *Apócrifos.* Os proscritos da Bíblia. 4v. São Paulo, Mercurio, 1995.

2. Jesus histórico

AA.VV. *Ribla* 47 (2004), Petrópolis.

AGUIRRE, Rafael. *Estado Actual de los Estudios sobre el Jesús Histórico después de Bultmann. Estudios Bíblicos* 54 (1996), Madrid, pp. 433-463.

AULÉN, Gustaf. *Christus Victor.* An Historical Study of the Three Main Types of the Idea of Atonement. New York, The MacMillan Company, 1957.

CHARLESWORTH, James H. *Jesus dentro do Judaísmo.* Novas revelações a partir de estimulantes descobertas arqueológicas. Rio de Janeiro, Imago, 1992.

CROSSAN, John Dominic. *O Jesus histórico.* Vida de um camponês judeu do Mediterrâneo. Rio de Janeiro, Imago, 1994.

DUNN, James D. G. *Christology in the Making.* A New Testament Inquiry into the Origins of the Doctrine of the Incarnation. Philadelphia, The Westminster Press, 1980.

HOORNAERT, Eduardo. *O movimento de Jesus.* Petrópolis, Vozes, 1994.

MEIER, John Paul. *Um judeu marginal.* Repensando o Jesus histórico. vv. I-II-III. Rio de Janeiro, Imago, 1993.

NOLAN, Albert. *Jesus antes do cristianismo.* São Paulo, Paulus, 1988.

RABUSKE, Ireneu J. *Jesus exorcista.* Estudo exegético e hermenêutico de Mc 3,20-30. São Paulo, Paulinas, 2001.

RICHARD, Pablo. A força espiritual do Jesus da história. Para uma nova interpretação dos quatro evangelhos. *Ribla* 47 (2004), Petrópolis, pp. 30-43.

SCHIAVO, Luís & SILVA, Valmor da. *Jesus milagreiro e exorcista.* São Paulo, Paulinas, 2000.

SMITH, Morton. *Jesus the Magician.* New York, Harper & Row, 1978.

STEGEMANN, Ekkehard W. & STEGEMANN, Wolfgang. *The Jesus Movement*. A Social History of Its First Century. Minneapolis, Fortress Press, 1999.

THEISSEN, Gerd. *The Miracle Stories of the Early Christian Tradition*. Edimburgo, Ed. J. Riches, 1983.

_____. *A sombra do Galileu*. Petrópolis, Vozes, 1991.

_____. & MERZ, A. *Il Gesú Storico*. Un Manuale. Brescia, Queriniana, 1999.

VERMES, Geza. *Jesus, o judeu*. São Paulo, Loyola, 1990.

_____. *A religião de Jesus, o judeu*. Rio de Janeiro, Imago, 1995.

_____. *Jesus e o mundo do judaísmo*. São Paulo, Loyola, 1996.

YODER, John Howard. *A política de Jesus*. São Leopoldo, Sinodal, 1988.

ZUURMOND, Rochus. *Procurais o Jesus histórico?* São Paulo, Loyola, 1998.

3. Fonte Q

BORG, Marcus (ed.). *The lost gospel Q.* The original sayings of Jesus. Berkeley (California), Ulysses Press, 1996.

BULTMANN, Rudolf. *History of the Synoptic Tradition*. Peabody (Massachusetts), Hendrickson Publishers, 1960.

CROSSAN, John Dominic. *Sayings Parallels*. A Workbook for the Jesus Tradition. Philadelphia, Fortress Press, 1986.

CROSSAN, John Dominic. List in Early Christianity: A Response to Early Christianity, Q and Jesus. *Semeia* 55 (1992), pp. 235-243.

GUENTHER, Heinz O. The Sayings Gospel Q and the Quest for Aramaic Source: Rethinking Christian Origins. *Semeia* 55 (1992), pp. 41-76.

HAVENER, Ivan. *Q. The Sayings of Jesus.* Collegeville, Minnesota, The Liturgical Press, 1987.

KIRK, Alan. *Some Compositional Conventions of Hellenistic Wisdom Texts and the Juxtaposition of 4,1-13; 6,20b-49; and 7,1-10 in Q. JBL* 116:02 (summer 1997), Chico, California, pp. 235-257.

KLOPPENBORG, John S. The Formation of Q and Antique Instructional Genres. *JBL* 105:03 (September 1986), Chico, California, pp. 443-462.

_____. *Q Parallels*; Synopsis, Critical Notes & Concordance. Sonoma (California), Polebridge Press, 1988.

_____. *The Formation of Q. Trajectories in Ancient Wisdom Collections.* Philadelphia, Fortress Press, 1989 (Studies in Antiquity and Christianity).

_____. "Easter Faith" and the Saying Gospel Q. *Semeia* 49 (1990), pp. 71-100.

_____. Literary Convention, Self-Evidence and the Social History of the Q People. *Semeia* 55 (1992), pp. 77-102.

KOESTER, Helmut. *Ancient Christian Gospel.* Their History and Development. Philadelphia, Trinity Press International, 1990.

MACK, Burton L. *A Myth of Innocence*. Mark and Christian Origins. Philadelphia, Fortress Press, 1988.

_____. All the Extra Jesuses: Christian Origins in the Light of the Extra-Canonical Gospels. *Semeia* 49 (1990), pp. 169-176.

_____. Q and the Gospel of Mark: Revising Christian Origins. *Semeia* 55 (1992), pp. 15-40.

_____. *O evangelho perdido*. O livro de Q e as origens cristãs. Rio de Janeiro, Imago, 1994.

MEADORS, Edward P. The "Messianic" Implications of the Q Material. *JBL* 18:2 (1999), Atlanta, pp. 253-277.

MORELAND, Milton C. & ROBINSON, James M. The International Q Project: Work Sessions 23-27 May, 22-26 August, 17-18 November 1994. *JBL* 114:03 (Fall 1995), Chico, California, pp. 475-485.

PIPER, Ronald A. *Wisdom in the Q-Tradition*. The Aphoristic Teaching of Jesus. Cambridge, Cambridge University Press, 1989.

POWELSON, Mark & RIEGERT, Ray. *The Lost Gospel*. The Original Sayings of Jesus. Berkeley (California), Ulysses Press, 1996.

ROBINSON, James M., HOFFMANN, Paul, KLOPPEN-BORG, John S. (eds.). *The Critical Editing of Q. Synopsis including the Gospels of Matthew and Luke, Mark and Thomas with English, German and French Translations of Q and Thomas*. Leuven, Peeters, 2000.

SCHIAVO, Luigi. *A batalha escatológica na Fonte dos ditos de Jesus*. A derrota de Satanás na narrativa da tentação (Q 4,1-13). São Bernardo do Campo, Umesp, 2003 (tese de doutorado: inédita).

SEELEY, David. *Futuristic Eshatology and Social Formation in Q.* In: CASTELLI, Elizabeth A. & TAUSSIG, Hal (eds.). *Remaining Christian Origins.* A colloquium Honoring Burton Mack. Valley Forge (Pennsylvania), Trinità Press International, 1996.

TUCKETT, Christopher M. On the Stratification of Q. A Response. *Semeia* 55 (1992), pp. 213-222.

_____. *Q and the History of Early Christianity.* Peabody (Massachusetts), Hendrickson, 1996.

VAAGE, Lief. E. The Son of Man Dating in Q: Stratigraphical Location and Significance. *Semeia* 55 (1992), pp. 103-130.

_____. O cristianismo galileu e o evangelho radical de Q. *Ribla* 22 (1995), Petrópolis, pp. 84-108.

_____. & KLOPPENBORG, John S. Early Christianity, Q and Jesus: Sayings Gospel and Method in the Study of Christian Origins. *Semeia* 55 (1992), pp. 1-14.

_____. & WIMBUSH, Vincent L. (eds.). *Asceticism and the New Testament.* New York, Routledge, 1999.

VARGAS-MACHUCA, Antonio. *La Llamada Fuente Q de los Evangelios Sinopticos.* In: PIÑERO, Antonio (ed.). *Fuentes del Cristianismo.* Tradiciones primitivas sobre Jesús. Madrid, Universidad Complutense, 1993.

4. Literatura apocalíptica

ADRIANO, José F. O Apocalipse de João como relato de uma experiência visionária. Anotações em torno da estrutura do livro. *Ribla* 34 (1999), Petrópolis, pp. 7-29.

ADRIANO, José F. Caos e recriação do cosmos. A percepção do Apocalipse de João. *Ribla* 34 (1999), Petrópolis, pp. 99-119.

_____. Melquisedec, um redentor celestial e juiz escatológico. Um estudo de 11Qmelquisedec (11QM13). *Estudos da Religião* 19 (2000), São Bernardo do Campo.

BERGER, Klaus. *Qumran e Jesus.* Uma verdade escondida? Petrópolis, Vozes, 1995.

BOUSSET, W. *The Antichrist Legend.* A Chapter in Christian and Jewish Folklore. Atlanta (Georgia), Scholars Press, 1999.

CHARLESWORTH, James H. (ed.). *The Messiah.* Developments in Earliest Judaism and Christianity. Minneapolis, Fortress Press, 1987.

COHN, Norman. *Cosmos, caos e o mundo que virá.* As origens das crenças no Apocalipse. São Paulo, Companhia das Letras, 1996.

COLLINS, Adela Yarbo. *The Combat Myth in the Book of Revelation.* Missoula (Montana), Scholars Press, 1976.

_____. *Cosmology and Eschatology in Jewish and Christian Apocalypticism.* Leiden, Brill, 2000.

COLLINS, John J. Apocalypse: the Morphology of a Genre. *Semeia* 14 (1979), Missoula.

_____. *The Encyclopaedia of Apocalypticism.* v. I.: *The Origins of Apocalypticism in Judaism and Christianity.* New York, Continuum, 1988.

_____. *The Scepter and the Star*: the Messiahs of the Dead Sea Scrolls and Other Ancient Literature. New York, Doubleday, 1995.

COLLINS, John J. *Apocalypticism in the Dead Scrolls*. London/New York, Routledge, 1997.

_____. *Seers, Sibyls and Sages in Hellenistic-Roman Judaism*. New York, Brill, 1997.

_____. *The Apocalyptic Imagination*. An Introduction to Jewish Apocalyptic Literature. Grand Rapids (MI)/Cambridge (UK). Eerdmans, 1998.

_____. *Daniel with an Introduction to Apocalyptic Literature*. Grand Rapids, Michigan, William B. Eerdmans Publishing Company, 1998.

CORSINI, Eugênio. *O Livro do Apocalipse de João*. São Paulo, Paulus, 1984.

FITZMYER, Joseph A. Melchisedek in the MT, LXX, and the NT. *Biblica* 81 (2000), Roma, pp. 63-69.

FRANKFURTER, David. Early Christian Apocalypticism: Literature and Social World. In: COLLINS, John J. (ed.). *The Encyclopaedia of Apocalypticism*. v. I.: *The Origins of Apocalypticism in Judaism and Christianity*. New York, Continuum, 1988. pp. 415-455.

GARCIA MARTINEZ, Florentino. Las Tradiciones sobre Melquisedec. *Biblica* 81 (2000), Roma, pp. 70-80.

HANSON, Paul D. *The Dawn of Apocalyptic*. The Historical and Sociological Roots of Jewish Apocalyptic Eschatology. Philadelphia, Fortress Press, 1983.

HIMMELFARB, M. *Tours of Hell*: an Apocalyptic Form in Jewish and Christian Literature. Philadelphia, University of Philadelphia Press, 1983.

LAATO, Antti. *A Star is Rising*: The Historical Development of the Old Testament Royal Ideology and the Rise of the Jewish Messianic Expectations. Atlanta (Georgia), Scholars Press, 1997.

LACOQUE, André. *The Book of Daniel*. Atlanta, John Knox Press, 1979.

LINCOLN, Bruce. Apocalyptic Temporality and Politics in the Ancient World. In: COLLINS, John J. (ed.). *The Encyclopaedia of Apocalypticism*. v. I.: *The Origins of Apocalypticism in Judaism and Christianity*. New York, Continuum, 1988. pp. 457-476.

MALINA, Bruce. *On the Genre and Message of Revelation*. Star visions and Sky Journeys. Peabody (Massachusetts), Hendrickson Publishers, 1995.

MASSINGHERDE, J. Ford. *Revelation*. Introduction, Translation and Commentary. New York, Doubleday, 1975. n. 16, p. 314 (The Anchor Bible, 38).

McNAMARA, Martin. Melchisedek: Gn 14,17-20. *Biblica* 81 (2000), Roma, pp. 1-31.

MÍGUEZ, Néstor O. João de Patmos, o visionário e sua visão. *Ribla* 34 (1999), Petrópolis, pp. 30-44.

MILIK, J. T. Milkî-sedeq et Milkî-resha' dans les anciens écrits juifs et chretiens. *Journal of Jewish Studies* 23 (1972).

MILL, M. E. *Human Agents of Cosmic Power in Hellenistic Judaism and the Synoptic Tradition*. Sheffield, Sheffield Academic Press, 1990.

NICKELSBURG, George W. E. Jr. *Resurrection, Immortality, and Eternal Life in the Intertestamental Judaism.* London, Oxford University Press, 1972.

NOGUEIRA, Paulo A. de S. Êxtase visionário e culto no Apocalipse de João. Uma análise de Apocalipse 4 e 5 em comparação com viagens celestiais da apocalíptica. *Ribla* 34 (1999), Petrópolis, pp. 45-68.

PAGE, Hugh Rowland Jr. *The Myth of Cosmic Rebellion.* A Study of its Reflexes in Ugaritic and Biblical Literature. Leiden, Brill, 1996.

PEERBOLTE, Lietaert L. J. *The Antecedents of Antichrist.* A Traditio-Historical Study of the Earliest Christian Views on Eschatological Opponents. Leiden, Brill, 1996.

PERRIN, Norman. A Modern Pilgrimage in New Testament Christology. Philadelphia, Fortress Press, 1974.

PAUL, M. J. The Order of Melchisedek (Ps 110:4 and Heb 7:3). *Biblica* 81 (2000), Roma.

PORTEOUS, Norman W. *Daniel.* A Comentary. Philadelphia, The Westminster Press, 1965.

PRIGENT, Pierre. *O Apocalipse.* São Paulo, Loyola, 1993.

ROOKE, Deborah W. Jesus as Royal Priest. *Biblica* 81 (2000), Roma.

ROWLAND, Christopher. *The Open Heaven.* A Study of Apocalyptic in Judaism and Early Christianity. New York, Crossroad, 1982.

RUSSELL, David Syme. *L'apocalittica Giudaica.* Brescia, Paideia, 1991.

RUSSELL, David Syme. *Daniel an Active Volcano*. Reflexions on the Book of Daniel. Louisville (Kentucky), Westminster/John Knox Press, 1989.

SACCHI, Paolo. *L'apocalittica e la sua Storia*. Brescia, Paideia, 1990.

SCHIAVO, Luigi. "Como é que é sentir o calor?". A história de Lúcifer que se tornou demônio por causa da mulher. *Estudos Bíblicos* 72 (2002), Petrópolis, pp. 73-89.

_____ As três redes de Satanás. *Fragmentos de Cultura* 11:5 (2001), Goiânia, pp. 849-858.

_____. The Temptation of Jesus: The Eschatological Battle and the New Ethic of the First Followers of Jesus in Q. *JSNT* 25:2 (2002), pp. 141-164.

SCHOLEM, Gershon. *The Messianic Idea in Judaism and Other Essays on Jewish Spirituality*. New York, Schocken Books, 1995.

VANDERKAM, James C. Righteous One, Messiah, Chosen One, and Son of Man. In: CHARLESWORTH, James H. (ed.). *The Messiah. Development in Earliest Judaism and Christianity*. Minneapolis, Fortress Press, 1992.

_____. *Manoscritti del Mar Morto*. Il Dibattito Recente oltre le Polemiche. Roma, Cittá Nuova, 1995.

WRIGHT, J. Edward. *The Early History of Heaven*. Oxford, Oxford University Press, 2000.

5. Cristianismo das origens

AA.VV. *Gospel Origins & Christian Beginnings*. Sonoma (California), Polebridge Press, 1990.

AA.VV. *Cristianismos originários (30-70 d.C.). Ribla* 22 (1995), Petrópolis.

AULÉN, Gustav. *Christus Victor.* An Historical Study of three Main Type of the Idea of Atonement. New York, The McMillan Company, 1957.

BULTMANN, R. *History of the Synoptic Tradition.* New York, Harper & Row, 1963.

CROSSAN, John Dominique. *O nascimento do cristianismo*; o que aconteceu nos anos que se seguiram à execução de Jesus. São Paulo, Paulinas, 2004.

ESLER, Philip Francis. *The First Christians in their Social Worlds.* London/New York, Routledge, 1994.

FLUSSER, David. *O judaísmo e as origens do cristianismo.* v. III. Rio de Janeiro, Imago, 2002.

FUNK, Robert W. *New Gospel Parallels.* v. I.: *The Synoptic Gospels.* Philadelphia, Fortress Press, 1985.

GIESCHEN, Charles A. *Angelomorphic Christology.* Antecedents & Early Evidence. Boston, Brill, 1988.

GOEHRING, James E.; HEDRICK, Charles W.; SANDERS, Jack J.; BETZ, Hans Dieter. *Gospel origins & Christian Beginnings.* Sonoma (California), Polebridge Press, 1990.

GOODMAN, Martin. *A classe dirigente da Judéia.* As origens da revolta judaica contra Roma, 66-70 d.C. Rio de Janeiro, Imago, 1994.

HANNAH, Darrell D. *Michael and Christ*: Michael Traditions and Angel Christology in Early Christianity. Tübingen, Mohr Siebeck, 1999.

HOORNAERT, Eduardo. *Cristãos da terceira geração (100-130)*. Petrópolis, Vozes, 1997.

KÄSSEMANN, Ernst. On the subject of primitive christian apocalyptic. In: *New Testament questions of today*. Philadelphia, Fortress, 1969.

KNOHL, Israel. *O Messias antes de Jesus*. O servo sofredor dos manuscritos do Mar Morto. Rio de Janeiro, Imago, 2001.

PIÑERO, Antonio (ed.). *Fuentes del Cristianismo*. Tradiciones Primitivas sobre Jesús. Madrid, Universidad Complutense, 1993.

_____ (ed.). *Orígenes del Cristianismo. Antecedentes y Primeiros Pasos*. Madrid, Universidad Complutense, 1995.

_____. *O outro Jesus segundo os Evangelhos Apócrifos*. São Paulo, Paulus, 2002.

ROWLAND, Christopher. *Christian Origins*. An Account of the Setting and Character of the Most Important Messianic Sect of Judaism. London, SPCK, 1997.

SCARDELAI, Donizete. *Movimentos messiânicos no tempo de Jesus*. Jesus e outros messias. São Paulo, Paulus, 1998.

SCHMIDT, F. *O pensamento do templo de Jerusalém a Qumran*. São Paulo, Loyola, 1994.

SHOLEM, Gershon. *As grandes correntes da mística judaica*. São Paulo, Perspectiva, 1995.

SICRE, José Luis. *De Davi ao Messias*. Textos básicos da esperança messiânica. São Paulo, Vozes, 2000.

STUCKENBRUCK, Loren T. *Angel Veneration and Christology*. A Study in Early Judaism and in the Christology of the Apocalypse of John. Tübingen, J.C.B. Mohr (Paul Siebeck), 1995.

THEISSEN, Gerd. *Sociologia da cristandade primitiva.* Petrópolis/São Leopoldo, Vozes/Sinodal, 1987.

_____. *Sociologia do movimento de Jesus.* Petrópolis/São Leopoldo, Vozes/Sinodal, 1989.

_____. *The Gospel in Context*: Social and Political History in the Synoptic Tradition. Minneapolis, Fortress, 1991.

6. Sinóticos e Novo Testamento

ALBRIGHT, W. F. & MANN, C. S. (eds.). *Matthew.* Introduction, Translation, and Notes. Doubleday, The Anchor Bible, 1971.

BALANCIN, Euclides Martins. *Como ler o evangelho de Marcos.* São Paulo, Paulus, 1991.

BARTH, Markus & BLANKE, Helmut. *Colossians.* A New Translation with Introduction and Commentary. New York, Doubleday, 1994 (The Anchor Bible, 34B).

BEARE, Francis Wright. *The Gospel According to Matthew.* Translation, Introduction and Commentary. San Francisco, Harpers & Row Publishers, 1981.

BROWN, R. E. *A comunidade do discípulo amado.* São Paulo, Paulinas, 1984.

CHEVITARESE, André Leonardo. O uso de um esquema imagético politeísta entre os primeiros cristãos. In: CHEVITARESE, André Leonardo & CORNELLI, Gabriele. *Judaísmo, cristianismo, helenismo.* Ensaio sobre interações culturais no Mediterrâneo antigo. Rio de Janeiro, Ottoni Editora, 2003. pp. 101-110.

DELORME, J. *Leitura do evangelho segundo Marcos.* São Paulo, Paulus, 1982.

DUPONT, Jacques. *Le Tentazioni di Gesú nel Deserto*. Brescia, Paideia, 1985.

FITZMYER, Joseph A. *El Evangelio segun Lucas*: Traducción y Comentario. Capítulos 1-8,21. v. II. Madrid, Cristiandad, 1987.

FUNK, Robert W. & SMITH, M. H. *The Gospel of Mark*. Sonoma (California), Polebridge Press, 1991.

GNILKA, J. *El Evangelio segundo san Marcos (Mc 1-8,26)*. Salamanca, Sígueme, 1986.

GUNDRY, Robert H. *Mark*. A commentary on his Apology for the Cross. Grand Rapids (Michigan), W. B. Eerdmans Publishing Company, 1993.

LEPLATTENIER, Charles. *Leitura do evangelho de Lucas*. São Paulo, Paulus, 1993.

MATEUS, Juan & CAMACHO, Fernando. *O evangelho de Mateus*. Leitura comentada. São Paulo, Paulus, 1993.

MILLER, Dale & MILLER, Patrícia. *The Gospel of Mark as Midrash on earlier Jewish and New Testament Literature*. New York, The Edwin Mellen Press, 1990.

MYERS, Ched. *O evangelho de são Marcos*. São Paulo, Paulus, 1992. (Col.: Grande Comentário Bíblico.)

OVERMANN, Andrew J. *Church and Community in Crisis*. The Gospel According to Matthew. Valley Forge (Pennsylvania), Trinity Press International, 1996.

_____. *O evangelho de Mateus e o judaísmo formativo*; o mundo social da comunidade de Mateus. São Paulo, Loyola, 1997 (Col.: Bíblica Loyola, 21).

PERROT, Ch. & SOULETIE, X. Thévenot. *I miracoli*. Fatti Storici o Genere Letterario. Milano, San Paolo, 2000.

PIÑERO, Antonio (ed.). *Fuentes del Cristianismo*. Tradiciones primitivas sobre Jesus. Madrid, Univ. Complutense, 1993.

SALDARINI, Antony J. *A comunidade judaico-cristã de Mateus*. São Paulo, Paulinas, 2000.

STEGNER, William Richard. The Temptation Narrative: A Study in the Use of Scripture by Early Jewish Christians. *Biblical Research* XXXV (1990).

TAYLOR, V. *El Evangelio según san Marcos*. Madrid, Cristiandad, 1979.

7. Contextos histórico, cultural, político, religioso e social do século I d.C.

ALBRIGHT, William Foxwell. *Yahweh and the Gods of Canaan*. A Historical Analysis of Two Contrasting Faiths. New York, Doubleday & Company, Inc., 1968.

BARCKLEY, J. M. C. *Jews in the Mediterranean Diaspora*. From Alexander to Trajan (323 BCE - 117 CE). Edinburgh, T&T CLARK, 1996.

BARRETT, C. K. *The New Testament Background*: Selected Documents. New York, Harper & Row Publishers, 1956.

BERGER, Klaus. *Qumran e Jesus*. Uma verdade escondida? Petrópolis, Vozes, 1995.

CROSS, Frank Moore. *Canaanite Myth and Hebrew Epic*. Essays in the History of the Religion of Israel. Cambridge (Massachusetts), Harvard University Press, 1973.

DAN, Joseph. *The Ancient Jewish Mysticism*. Tel-Aviv, ModBooks, 1993.

DEARMAN, Andrew J. *Religion and Culture in Ancient Israel*. Peabody (Massachusetts), Hendrickson Publisher, 1992.

FREYNE, Séan. *A Galiléia, Jesus e os Evangelhos*. Enfoques literários e investigações históricas. São Paulo, Loyola, 1996. (Col. Bíblica Loyola, 18.)

_____. *Galilee from Alexander the Great to Hadrian*. 323 B.C.E. - 135 C.E. A study of the Second Temple Judaism. Notre Dame (Indiana), University of Notre Dame Press, 1980.

GAMMIE, John G. & PERDUE, Leo G. *The Sages in Israel and the Ancient Near East*. Winona Lake, Eisenbaus, 1990.

GARNSEY, Peter & SALLER, Richard. *The Roman Empire*. Economy, Society and Culture. Berckeley, University of California Press, 1987.

GRABBE, L. L. *Judaism from Cyrus to Hadrian*. v. II: *The Roman Period*. Minneapolis, Fortress Press, 1992.

HANDY, Lowel K. Dissenting Deities or Obedient Angels: Divine Hierarchies in Ugarit and the Bible. *Biblical Research* XXXV (1990), pp. 18-35.

HENGEL, Martin. Earliest Christianity. London, SCM Press LTD, 1979.

_____. *Jews, Greeks and Barbarians*. Aspects of the Hellenization of Judaism in the pre-Christian Period. Philadelphia, Fortress Press, 1980.

HORSLEY, Richard A. *Galilee*. History, Politics, People. Valley Forge (Pennsylvania), Trinity Press International, 1995.

_____. *Arqueologia, história e sociedade na Galiléia*. O contexto social dos rabis. São Paulo, Paulus, 2000.

_____. & HANSON, John S. *Bandidos, profetas e messias*. Movimentos populares no tempo de Jesus. São Paulo, Paulus, 1995.

JAGERSMA, H. *A History of Israel from Alexander the Great to Bar Kochba*. London, SCM. Press LTD, 1985.

KEE, Howard Clark. *Medicina, Miracolo e Magia nei Tempi del Nuovo Testamento*. Brescia, Paideia, 1993.

_____. *Miracle in the Early Christian Word*. A Study in Socio-historical Method. New Haven and London, Yale University Press, 1983.

MAIER, Johann. *Il Giudaismo del Secondo Tempio*. Brescia, Paideia, 1991.

MILLAR, Fergus. *The Roman Near East. 31 BC-AD 337*. Cambridge (Massachusetts), Harvard University Press, 1994.

PAUL, A. *O judaísmo tardio*. História política. São Paulo, Paulus, 1983.

PETIT, Paul. *A paz romana*. São Paulo, Livraria Pioneira Editora, 1989.

SAULNIER, Christiane & ROLLAND, Bernard. A Palestina no tempo de Jesus. *Cadernos Bíblicos* 27 (1983), São Paulo.

SCHWANTES, Milton. *Projetos de esperança*; meditações sobre Gênesis 1–11. São Paulo, Paulinas, 2002.

WAETJEN, Herman C. *A Reordering of Power*. A socio-political Reading of Mark's Gospel. Minneapolis, Fortress Press, 1989.

WENGST, Klaus. *Pax Romana*. Pretensão e realidade. São Paulo, Paulus, 1991.

WILKINSON, John. *Jerusalém ano Domini*. A cidade que Jesus conheceu, revelada à luz dos evangelhos e da arqueologia. São Paulo, Melhoramentos, 1993.

Sumário

Abreviaturas..7

Introdução..9

CAPÍTULO I
A busca pelo Jesus da história........................... 11
   1. A fé em jesus... 11
   2. Qual jesus?.. 13
   3. O jesus da história................................... 15
      3.1 A "old quest"...............................15
      3.2 A "no quest"................................17
      3.3 A "new quest".............................18
      3.4 A "third quest"...........................18
   4. As fontes..20
      4.1 Descobertas arqueológicas.........20
      4.2 Os canônicos e os extracanônicos..............21
      4.3 A Fonte Q..................................29

CAPÍTULO II
Jesus dentro do judaísmo..................................33
   1. O caráter apocalíptico do judaísmo tardio.............33

2. Raízes e evolução do messianismo judaico...........37

3. A tradição angelomórfica...39

4. As tradições dos anjos combatentes 43

    4.1 Miguel..44

    4.2 O Filho do Homem 51

    4.3 Melquisedec...59

5. Movimentos messiânicos no século I d.C. 66

6. Jesus e a origem da cristologia.............................69

CAPÍTULO III

Jesus, "Filho de Deus"...75

    1. A expressão "Filho de Deus" na tradição do AT ...75

    2. Jesus, "Filho de Deus" 77

    3. Jesus, "o Filho de Deus" 81

CAPÍTULO IV

Jesus, o Messias Salvador...85

    1. O mito do combate 85

    2. A batalha escatológica 100

    3. Jesus, o combatente escatológico pela palavra....107

CAPÍTULO V

Jesus, juiz escatológico...121

    1. Jesus: o Filho do Homem.....................................121

    2. A lei, arma de salvação e instrumento
    de condenação 126

CAPÍTULO VI

O Cristo Vitorioso: o começo da cristologia 131

1. A imagem do jesus vitorioso 131

1.1 Primeira cena (Q 4,2b-4) 132

1.2 Terceira cena (Q 4,9-12) 134

1.3 Segunda cena (Q 4,5-8) 135

2. A origem da cristologia 138

3. A tradição do *Cristo Vitorioso* no
Novo Testamento 141

3.1 O cortejo triunfal 142

3.2 O cavaleiro do Apocalipse 144

CAPÍTULO VII

O movimento de Jesus 149

1. O Reino de Deus e a escatologia realizada 149

2. Contexto social do movimento de Jesus 153

3. Traços dos primeiros seguidores de Jesus 158

Conclusão 161

1. Evolução da cristologia no NT 161

2. Conclusão 164

Referências bibliográficas 167

1. Fontes 167

2. Jesus histórico 168

3. Fonte Q 170

4. Literatura apocalíptica 173

5. Cristianismo das origens 178

6. Sinóticos e Novo Testamento 181

7. Contextos histórico, cultural, político,
   religioso e social do século I d.C. 183

CADASTRE-SE

www.paulinas.org.br

para receber informações sobre nossas novidades na sua área de interesse:

• Adolescentes e Jovens • Bíblia
• Biografias • Catequese
• Ciências da religião • Comunicação
• Espiritualidade • Educação • Ética
• Família • História da Igreja e Liturgia
• Mariologia • Mensagens • Psicologia
• Recursos Pedagógicos • Sociologia e Teologia.

Telemarketing 0800 7010081

Impresso na gráfica da
Pia Sociedade Filhas de São Paulo
Via Raposo Tavares, km 19,145
05577-300 - São Paulo, SP - Brasil - 2006